経済学教育の西東

永谷敬三
Nagatani Keizo

日本経済評論社

まえがき

本書は学問的な意味の論文ではない。高踏的な立場に立った大学論でもない。一昨2012年後期高齢者の仲間入りした一経済学者の回想録である。私は学生として、また教師として、日本と北米の大学の双方を経験した。その経験から得た感想をできるだけ率直に綴ったのが本書である。いうなれば、現場従業員としての内側からの印象記である。もちろん、一人の人間の体験は限られているから、一般化は難しい。大学教育論だと誤解されても困るので、回想録の体裁を選んだ。できるだけ読者の方々の便宜を考えて、脚注や参考文献もなくして、寝転がって読めるようにと配意したつもりであるが、そうなっていないかもしれない。もしそうなら、著者の無能が原因である。私の意見・判断がいたるところに現れ、私としてはそれらがかなり客観的だと思ってはいるが、私の思い込みに過ぎないものもあるかもしれない。率直な感想はいいとして、率直過ぎる表現が多くてお目障りかもしれない。この種の不備・誤解については、あらかじめお詫びをしておきたい。

もうひとつ、冒頭で申し上げておきたいことは、私が自分をエライ経済学者だとは思っていないということである。経済学の最先端をぐっと押し上げるような立派な業績はないし、「ナガタニの定理」ひとつ遺したわけでもない（昔、消費財におけるギッフェン財に対応する生産要素があれば、「ナガタニ要素」として売り出して歴史に名を残そうとトライしたことがあったが、そういう財は存在しないことを、その理由とともに、図らずも証明してしまった）。まあ自分は平均的学者だと私は思っている。平均的であるということは、上下いずれの立場にも偏らない公平な見方ができるという利点がある。幸い、日本では上級の国立大学と平均的私立大学の両方で教育体験をすることができた。とくに後者での体験は日本の大学のイメージを形作る上で貴重だった。私の意見や提案は基本的にこの平均的大学モデルに基づいている。

最後に、経済学者としての私のいささかユニークな点は、過去3四半世紀にわたる半生をほぼ半分ずつ、日本と北米で過ごしたことである。そのせいで、テニスの観客よろしく首を左右に振って、東西の大学教育を眺める癖がついてしまった。こういう複眼的観察をすると、日本にずっと住んでいる同僚の方々には見えないものが見えてくることも多々ある（らしい）ことを同僚の方々との日常的会話から感知した。これが本書執筆の動機になったといえる。教育産業は、小学校から大学まで、世界中の国々で沢山の問題を抱えているようだが、日本の現状はとくに悪い。一言でいうと、教育とは子供をまともな大人にする作業だという「常識」が失われている。教師が上で生徒が下だという教育の基本関係さえ失われている。文部科学省、教師集団、教育ママらが好き勝手に弄り回した結果、ヴィジョンは失われ、常識が働かなくなってしまっている。子供は過剰干渉の犠牲者になり、心楽しむこともなく、自分の殻に閉じこもる。自分の生活環境への関心もなく、人生への夢もなく、陰鬱な顔をした子供・若者が日本には多過ぎる。この一事だけでも、教育がうまくいっていない証拠としては充分である。子供の眼は輝いていなければならない。学校は、子供にとって楽しい場所でなければならない。こういう健康な状態を再生しなければならない。そのためには、過剰干渉をやめて、「子供の世界」を再建し、節度ある放任主義を確立しなければならない。

北米では全く問題にならないが、日本の大学教育を著しく歪めているものがある。それは、大学教師がカリキュラムから指導方法まで全部自分たちの裁量でやるという日本的慣行である。日本の大学教師には、自分たちが教育サービスの提供者として大学に雇われた労働者だという自覚はない。むしろ自分たちが大学の支配者だと思っている。だから、大学の自治は教員の自治、学問の自由は教員の自由となってしまっている。個々の教員が勝手に科目の名称と中身を決め、しかも、日本の大学産業の文化的体質として、教員間の相互不干渉があるから、カリキュラムに縦と横のストラクチャーがなく、学生から見れば、4年間で50も60もの科目を履修しても、体系的学識が身に着く保証などない。まず大学がきちんとしたストラクチャーのあるカリキュラムを所有管理し、それを教員に年々割り振る（できれば、教員の脳の活性化のため、ローテーション制で）システムの構築が必要である。これは大学教師に限ったことではないが、日本では教師たる者は自分の思想・信条を教育に反映させる権利があると信じられている。だから、大学教師は教室で学生相手に自説を開陳し、小中高の教師は己が信奉する政治的主張を生徒に向けて発信する。とんでもない話だと私は思う。教師は教育を私物化してはならない。

回想録という体裁なので、参考文献も引用文献も特記しなかったが、本書執筆に当たって座右に置いていた書物が2冊ある。猪木武徳氏の『大学の反省』（NTT出版、２００９年）と内田樹氏の『街場の教育論』（ミシマ社、２００８年）である。前者は大学教育の諸課題を世界歴史的視野で展望した傑作で、堂々たる大学論である。後者は学生相手の講義録の体裁を採っていて、語り口も軽妙洒脱、実に楽しい（ただし鋭い観察に富んだ）読み物である。前者が上（施政者の立場）から見た大学論であるとすれば、後者は下（現場教師の立場）から見た大学論だといえる。ついでにというと著者に失礼であるが、両書ともぜひ目を通していただきたい書物である。

本書の刊行に当たっては、編集の労を採って下さった鴇田祐一氏には一方ならぬお世話になった。厚くお礼を申し上げる次第である。原稿を本にして出版するには著者にはわからない苦労があるようで、とりわけ厳しい出版業界の現状にあっては、苦労も一層多いと思うと、感謝の念も増してくる。ともあれ、本書の刊行を機に、老妻と2人で、本当に最後になるであろう日本訪問を果たしてみたいと考えている。

永谷敬三

2014年5月吉日
バンクーバーにて

経済学教育の西東＝目次

第1部

経済学は実学か、それとも一般教養か

1―1　一橋大学経済学部：何もわからなかった4年間

1954年高3の夏に、私は受験先として一橋大学経済学部を選んだ。といっても、特別な理由があったわけではない。家庭の事情で、大学受験は1回限りという条件付きだったから、滑り止めとして、私はその春、裁判所書記官のための国家公務員試験（初級）を受けておいた。ニートになる心配はないから、落ちても親不孝にはならないだろうと安心して、それなら一発、本屋で拾い読みした『蛍雪時代』に競争率最高と書いてあった一橋大学とやらを受けてみるかと考えた。もっとも、揉み手をして物を売るような才覚がゼロであることは明確に自覚していたので、商学部は避けて経済学部にした。でも、17歳の若者にとっては、全く経験のない学問分野だから、経済学という学問に惚れて選ぶはずはなく、強いて言えば、就職に強いという評判の一橋大学が気に入ったというのが実情だった。私は一橋大学の歴史も場所も知らなかった。私が通った高校は広島市郊外の旧制工業学校で、戦後普通科と家庭科を加えて普通高校として新発足した学校で、進学校ではなかったから、受験情報などは全く入って来なかった。第2志望は一応東京外国語大学（2期校）にしておいたが、結局受験料500円を払っただけ損をした。

一橋大学の入学試験は、翌55年3月3日の一次試験に始まり、7、8日の二次試験という順序で行われた。初日の3日、教室いっぱいの受験生の緊張を和らげようと考えた監督教師が、にこにこ顔で「この40名のうちから2人受かる」といった。大学教師にもバカな奴がいるものだと呆れた。試験場のある小平分校は、国分寺から西武多摩湖線に乗って2駅目の辺鄙な場所にあり、帰りの時刻に雨が降り始め、やけくそ気分の受験生がやっと来た2両編成の電車に殺到し、すし詰めになったものだから、方々で傘がボキボキと折れる音がした。二次試験の冒頭に数学があった。一橋大学は妙な大学で、大抵の大学が8科目均一の800点満点なのに、ここでは、理科を1科目減らして、全体で750点満点のうち、英語が250点、数学が200点という話だった。しかも、数学はショックが大きいから大抵の大学が数学を2日目に置く配慮をしていたが、一橋大学はこれを初日のしかも最初に置いていた。多分意地悪な教師が多いのだろうなあと思った。こういう点数配分では、英語と数学さえうまくできれば、落ちたくても落ちられないわけだ。私はかねてより受験勉強の不毛さにうんざりしていたから、恒例の期末試験はもとより、2回カネを払って受けた模擬試験でもゲーム感覚で、いかに早く答案を提出するかを目標にしていた。本番では周囲の受験生に気を使い、時間一杯席に座っていたが、答案そのものはずっと前にできていた。数学の問題の中に、三角形の3つの頂点の座標だけが示され、その面積を必要とする問題があったが、私は、どこかで聞きかじった行列式を用いる方法で難なく解いてしまった。終了後、模範答案なるものを盗み見したら、6問中5問が正解（残りの1問も半正解）ではないか。英語は2日目だったが、これも作文を含め、ほぼ模範答案通りで、これで合格と勝手に決めてしまった。これはどう見てもマグレ当たりだった。こういう大当たりは、模擬試験でも記憶になかった。少し点を取り過ぎたか、まさか「右総代」に指名されて答辞を読む羽目にならないかと心配になったが、幸い私よりいい成績の仁がいたらしく、この心配は杞憂に終わった。入学試験の最後は、面接と身体検査で、あとで聞いた話では、合格者の1割が健康上の理由（肺結核）で即休学という厳しい時代だった。戦後やっと10年目に入った年だから無理もなかった。合格発表まで2週間あまりあるので、東京から名古屋まで6時間立ちっぱなしの急行列車で、広島の実家に戻った。高校の担任に会って、「受かりましたよ」と言ったら、ついにこいつも頭が変になったかと思ったらしく妙な顔をされた。合格には全く自信があったので、発表の日は夕方遅く国立本校の発表掲示板を見にいって自分の番号を確認したが、遅かったせいか、噂に聞いていた電報受付サービスをしてくれる先輩方の姿もなく、親に電報を打つのも忘れ、渋谷で映画を観た。お蔭で親と担任の先生は眠られぬ一夜を過ごしたと後で叱られた。一橋大学は不親切な大学だと重ねて思った。当時合格者総数はたった500名あまりで、全員の氏名を書き出しても、東大の2000名と比べると、取るに足らぬ労働ではないか。しかも東大はちゃんと氏名を張り出しているというではないか。受験生にとっては、掲示板に単なる番号が出るか氏名が出るかは大変な違いがある。番号では、何回見ても、不安が残るからだ。毎年番号を読み違え、あるいは異学部の番号を自分のものと勘違いする悲劇が起きていたに違いない。4年間学生課窓口の職員を観察したが、概して不愛想・不親切だった。

4月までにやらなければならないことがもう一つあった。それは住まいの確保である。私はもちろん大学の寮を申し込んだ。大学のキャンパスの一角にあるこの寮は、数年前に火災に遭い再建されたということで割合新しく快適に見えた。私は、父の年収（たしか23万円という当時でも薄給の範疇に入る額だった）を申込書に正直に書き込んだ。結果はダメだった。審査に当たった寮の会計委員の先輩が、「君のように正直に年収を書いてはいかん、何しろ一桁の数字（10万円未満）の人ばかりなんだから」と申し訳なさそうに言った。いくら物価が安かったといっても、10万円未満で一家が1年暮らすことが不可能なことは明白であった。ということは、応募者の大半が、若い身空で、大嘘をついたことになる。一橋大学という大学は、教員と職員だけでなく、学生までがせこくて油断ならない人種からなっていると実感した。仕方がないから、キャンパス近くの安下宿を確保し、食事は大学の寮を利用することにした。食費は月１８００円くらいだった。風呂は、大学が近くの風呂屋と契約して学生用特別低料金で入れるようになっていた。料金は10円だった。私が寮に入れたのは2年生になってからだった。親の負担を少しでも減らすため、日本育英会の奨学金（月額2000円）を申し込んだ。入学試験の成績がよかったためか、すぐパスした。3年生からは、特別増額で月3000円になった。ちなみに、国立大学の授業料は、私の学年までは年額6000円だった。無利子とはいっても、借金総額は卒業時点で11万円を超えていたが、1959年お役人になって以来実直に返済を続け、1974年サバティカルで日本に滞在中に、残額を期限10年前に耳を揃えて返済した。育英会から感謝状のような手紙をもらった。「みんな貴殿のような人であれば、云々」と書いてあった。

4月に入って、オリエンテーションとクラス編成が終わり、いよいよ大学生生活が始まった。毎日小平分校の校門前では、学生服を着た先輩たちが三々五々声を張り上げ、妙な歌を歌っていた。当時大流行した『青年歌集』に載っている歌だった。「……友情と平和を人々は呼びかける、東京モスクワ平和の都」とか「……我等の愛するブカレストの街よ、戦いは去り世界はひとつに」とか、明らかなソ連によるプロパガンダの歌が大半だった。当時は社会党も共産党もその青年期にあり、彼らが（多分かなりの資金援助と引き換えに）プロパガンダの一角を担っていることは明らかだった。私は決して右翼ではなかったが、理由なく一派に組するのは不快だし、運動にまつわる幼稚さが気に食わないので、この種の洗脳は断固として拒絶した。

私は、まず経済学とは何かという疑問に対する答えを求めて毎日講義を聴きにいった。でも答えは一向に見つからなかった。第一、知的緊張を与えてくれるような講義はほとんどなかった。いろいろなコンパや歓迎会に出ているうちに4月は終わった。私は焦ってきた。ある日神田に出かけ、アダム・スミスの『国富論』（セリグマン編、エブリマンズ・ライブラリー版、上下2巻）を買ってきて読み始めた。スミスの時代には経済学はポリティカル・エコノミーと呼ばれていたが、スミスのアプローチは歴史的、制度的、実証的、かつ帰納的で、当時のイギリス経済社会を論じた著作であるから、大いに難儀したが、遂に、経済学の定義ともいうべき文章を見つけた。スミスによると、経済学には2つの目的があって、そのひとつは、国民に豊かな生活の糧を与えること、もうひとつは、国家に充分な公共サービスを提供するに足る豊かな収入を与えること、つまり、国民と国家を豊かにすることを目的とする施政者のための学問である、という（巻1、375ページ、著者意訳。ちなみに、有名な「見えざる手」の記述は、巻1、400ページにある）。なるほど、目的がそうであるなら、あとは目的達成の技術を学べばいい、と一応納得したが、どこか、近代科学的要素、すなわち、理論分析が欠けているのが気になった。1年生のとき興味をそそられたのは、関恒義先生の経済数学だった。関先生は、手とり足とり親切に教えてくれるタイプではなくて、自分の研究分野の話題を熱っぽく語る放談型の先生だった。何でも、『経済分析の基礎』という凄い本を書いたポール・サミュエルソンというエライ学者がいるという話、その本の内容は、サミュエルソンがハーバード大学に提出した博士論文だが、その審査委員になったヨゼフ・シュンペーターとジェイコブ・ヴァイナーというハーバードの2人のベテラン教授が、試験場で顔を見合わせて、「僕たちはパスしたかい」といったという逸話、あるいは20世紀最大の頭脳の一人と言われたジョン・フォン・ノイマンという数学者兼物理学者が、オスカー・モルゲンシュテルンという経済学者と共同で著した『ゲームの理論と経済行動』が経済学の未来を切り開くという熱弁は、訳がわからないまま、私を興奮させた。経済学が学ぶに足る面白い学問だという信念らしきものを私が得たのは関先生のおかげであった。

2年生になると、前期ゼミが始まった。ゼミ教育を重んじる一橋大学が、他の大学より1年早くゼミ演習を学生に課していたのである。私は関先生のゼミを選択した。ゼミのテキストはレオン・ワルラス著『純粋経済学』（手塚訳）だった。この本には閉口した。後年知ったところでは、レオン・ワルラス（1834―1910）という人は父親が経済学者で、自分も経済学者を目指してエコール・ポリテクニークを2度受験したが不合格となり、やむなく鉱山学校に入った。経済学は独学で収めたわけである。経済学の学位がないためフランスの大学の教職は得られず、スイスはローザンヌの大学で経済学教授となった。彼は、本職の経済学者に強い反感と敵意を持ち続けた。「わたしはエコノミストではない。アーキテクトである。しかし、わたしはエコノミストよりも経済学をよく知っている」（書簡集）という彼の言葉にそれが表れている。彼は、オーストリアのカール・メンガー（1840―1921）、イギリスのスタンレー・ジェヴォンズ（1835―82）とともに、いずれも1870年代に、各自独立に、代表作を著し、いわゆる新古典派経済学の始祖となった人であるが、この3人は3人とも経済学の学位をもっていなかった。彼らが師と仰いだのは、ニュートン物理学だった。ニュートンの『プリンチピア・マテマティカ』（1687年）は、森羅万象を万有引力の理論をもって統一的に説明し、以後150年余りの間に、力学や天文学の分野でのテストを見事にパスして、新科学として世界の寵児となっていた。この科学フィーバーに若い3人の学徒が冒され、経済学も、従来の因循姑息なポリティカル・エコノミーの手法に代えて、新しい科学的方法で再構築することを生涯の目標としたのである。ジョン・スチュアート・ミルとオーギュスト・コントが「社会科学」という熟語を創作したのも、新科学に対する憧れからだった。ニュートン物理学の骨子は2つある。ひとつは、個々の自然物体が、費消するエネルギーを最小化するような行動あるいは姿勢を選ぶという意味での「最適化」仮説であり、もう一つは、無数の最適化行動を採る物体から成る宇宙は、整合的な「均衡」を達成維持するという「予定調和」仮説である。新古典派経済学は、これらの自然物体を生産者あるいは消費者と呼び換え、エネルギー最小化を利潤あるいは効用最大化で置き換え、自然界の均衡を競争市場の「一般均衡」と改名し、おまけに予定調和仮説も鵜呑みにして、最少努力投入量で、新しい経済学を創りあげてしまったのである。新しい資本主義という制度が果たして機能するのか、その将来はどうなるのかといった大きな問題を考えた古典派経済学に代わって、すでに定着した資本主義制度を肯定し、その長所を謳いあげたのが新古典派経済学であった。ワルラスは、『純粋経済学』の序文で、スミスの定義（上掲）を取り上げ、学問を実利的目的で定義するのはおかしい、科学は結果いかんに関わらず真理を追究すべきものだと批判した。ジェヴォンズも、これから経済学を学ぼうとする妹に、スミスの『国富論』ほど退屈な本はないと警告した。

私は困惑した。ワルラスが、せっかく少々身についてきたスミスの思考形式を頭から否定したからである。代わりにワルラスが提供してくれたのは、記号ばかり多くて無味乾燥な一般均衡理論というものだった。数式はたくさん出てくるけれど、ワルラスの数学的素養は乏しいらしくエレガンスに欠けていて、興味が持てなかった。関先生には悪いが、これは、学部の２年生に読ませる本ではない。せめて、上述したような歴史的概観あるいは演習用の簡単な一般均衡モデルの解説でもしてくれたなら多少の救いがあったと思うが、いきなり原著（翻訳ではあるが）では手に負えないというのが、偽らぬ実感だった。

３年生になると、国立本校に移り、本格的なゼミ教育が始まった。私は中山伊知郎先生のゼミに応募することにした。応募用紙はもちろん提出済みだったが、先生は応募者ひとりひとりを面接するんだとか、先着順に十数名を採るんだとか、さまざまな噂が流れていた。私は、柔道部員でやはり中山ゼミ希望の友人と相談して、構内にある柔道部の部室に前夜から泊まり込み、夜通しどこかに行列ができていないかを交代で調べにいった。結局何事も起こらず陽が昇り、彼も私も合格となった。全部で17名が新ゼミ生になった。先生は当時中央労働委員会の委員長をされており、また、当時は血なまぐさい労働争議が頻発する時代でもあったから、徹夜交渉も珍しくなく、すこぶるご多忙であったはずだが、先生は月曜日1時限の大教室での名物講義「経済原論」はもとより、それに続くゼミの100分間を、高弟の先生方を数名侍らせ、4年生に卒論内容について報告させ、厳格な指導をされた。居眠りなどされたことはなかった。われわれ3年生は4年生の報告とそれに対する先生のご意見を謹聴するというだけなのに、知的緊張のためであろう、それだけで疲れた。かなりの数の卒論がその場で容赦なく先生に撃ち落とされた。中身の詳細ではなくて、選んだ著作の学問的レベルが低いというのが主たる理由だった。当時左翼系学者やマスコミの間で人気のあったモーリス・ドップという学者がいたが、その著作を取り上げた4年生は、「ドップなんて雑文家だよ」という先生の一言で報告を中止させられ、教壇前で立ち往生して涙した。学者を選ぶなら、シュンペーターのようなエライ人を選びなさいよ、といわれたこともある。

3年生を遊ばせておくわけにもいかないので、中山先生は高弟の倉林義正先生に3年生だけの演習を任された。倉林先生は、当時アジア版が出たばかりのサミュエルソン『エコノミックス』をテキストにされた。この本は、大衆化された大学教育に必須な教科書教育の走りで、以後、教科書産業は未曽有の隆昌を迎えることになる。ハーバード大学で学位を獲ったサミュエルソンは、ユダヤ人であるという理由でハーバードに残れず、同じマサチューセッツ州ボストン郊外のケンブリッジにあるマサチューセッツ工科大学（今は超一流の大学だが、20世紀初頭には、近在の土建屋の子弟を集めた田舎学校だったと、これも人種差別のせいで、この学校で教鞭をとらされたノーバート・ウィーナーの自伝にある）に就職したが、いじめであろう、キャンパス内のほとんどの学生が採る入門科目を担当させられた。普通の人間なら、腐ってしまうところだが、そこがサミュエルソンのエライところで、自分でしっかり構想を練り、自分の哲学（「新古典派的総合」）をもって異端だが無視できないケインズの雇用理論をも「系」として新古典派理論に統合する立派な教科書を創り上げた。もちろん、演習問題付きである。サミュエルソンのこの教科書は、半世紀近く市場を支配し、売り上げた部数は数百万部に上った。１部１ドルの著作料としても、一財産を築いたわけである。われわれ3年生は、１年をかけて、アメリカの新入生用のテキストを読み、演習問題を全部やったのである。情けない話だが、日本の先生方は概して教育不熱心だから、こんな教科書を書く能力と熱意のある人は、まずいなかったであろう。倉林ゼミは好評で、聡明博識の先生は今もご健在で、わが同期のゼミ生の集まりにも出席されている由である。

後期の2年間も、経済学とは何かの答えを求めて多くの講義を聴いたが、青い鳥はとうとう姿を現さなかった。学部学生の立場から見て、経済学の一番厄介なところは、分野によって分析手法はもとより、発想形式自体が根本的に違うことであった。だから、知識に互換性というか市場性がなく、学問の体系的把握を求めようとすれば、特定の先生からすべてを学ぶ以外にないらしいと、私は思った。でも私は、そういう従順な性格でない人間だったようで、誰かの知的奴隷になるくらいなら、自分で好きなようにやろうと心に決めた。こうして消化不良のまま、卒業することになった。実家の経済事情が大学院に進むことを許さなかったので、4年生の春から職探しのリサーチを始めた。頭を下げないで済む職、勉強ができる職という条件で、まず国家公務員上級職の試験を夏休みに実家へ帰る前に東京で受けた。経済職で21位という平凡な順位で合格した。あとは、中山先生に頼んで日銀に推薦状を書いてもらい、残暑厳しいある日、日銀の人事部長に会ったが、持参した友人の学生服の首回りが足りなくて上のボタンを外したのが不興を買ったようだった。まるで、日銀（旧館）は中世の僧院のようだなと思って、こんな息が詰まる職場は自分にはどうかなと不安がよぎった。その足でついでに大蔵省に出向いたところ、こちらでは学生服を着る必要もなく、ワイシャツの袖もまくり上げたままで、数人の総務課長級、官房長まで一気に面接してもらった。その場で秘書課から、10月1日の試験日は朝9時までに出頭せよと命じられた。当日、呼び出されて試験場に入ってみると、口の字に並べられたテーブルを囲んで、いるわいるわ、総務課長級がずらりと並んで、自分はというと、壁を背に、文字通りの背水の陣だ。日本の財政金融政策について思うところがあれば述べろという。これを肴にして受験者をいじめる魂胆らしい。私は、「この（1958年）秋は、連日企業（とくに中小企業）の、いわゆる「黒字倒産」が起きているが、これは財政金融政策が起こした失態である」と切り出した。この2か月前、私は、帰省の途中立ち寄った大阪の友人の実家に宿泊中、すぐ近くにあった町工場の倒産現場を目撃していた。裸電球が煌々と照り、債権者たちの怒号が一晩中聞こえた。半沢直樹の親父が首を吊るシーンを連想させる凄惨な情景だった。「ほう、どうしてそれが政策の失態なのかね」と嬉しげな声がした。私が「黒字倒産というのは、本人に責めのない事故であるから、政府はこういう企業を救済してやらねばならない」というと、「どうしてそれが正直で不運な倒産だと言い切れるのかね」というふうに続いて、何しろ相手は口が1ダースあって、それらが勝手に開くわけだから、受けるのも大変だった。でも降参したら終わりだと踏ん張った。終わるころには、疲労困憊した。やられたかな、と思った瞬間、どうもご苦労さんという声がして、秘書課員が外に連れ出してくれ、「おめでとうございます。合格です」といってくれた。そして、「君はこのあと日銀を受けるそうだけど、断ってきなさい」と命令調でいった。私も異存はないので、その足で日銀に出かけ、断りの口実を述べた。先日面倒を見てくれた人事部の人は、何一つ文句も言わず、ご幸運を祈りますといってくれた。こうして、父が男の子3人のうちで役人2人というのだけはやめてくれ（2歳違いの次兄が技官ではあるが、国税庁に入っていた）と言っていた役人になってしまった。

これで私の大学生活は終わった。結局経済学とは何かという疑問の答えは見つからず、希望に胸を膨らませてというには程遠い心境で社会人になった。これには、私自身の努力・能力不足ももちろんあったが、先生方の教育能力と教育にかける情熱が不足しているという印象は拭えなかった。あとは、仕事の中で勉強を続ける以外にないと決心した。

1―2　一橋大学で教わったこと

大学を卒業して半世紀経った時点で記憶に残っている講義には、何か教育価値があったと思って間違いない。とくに、懐かしく思い出される講義はそうである。こういう観点から一橋大学の4年間を振り返ってみると、概して不熱心、不親切、無味乾燥な紋切型、怠惰な放談型の講義が支配する中に、いくつかの有益な講義があった。

筆頭はやはり中山伊知郎先生である。先生から教わった教訓の最たるものは、強烈なエリート意識だった。学問は万人のやるものではなくて、選ばれた者だけに与えられた特権である。

学者には一流から三流まで居る。だから、玉と石を見分け、玉から学び、玉を抜く気概と誇りを学者は持たなければならぬ、という教えがこれである。ゼミの学生が選ぶ作者の半分は、先生のお眼鏡によると、「石」だった。当時学生が読んでいた先生の著作では、『純粋経済学』と『発展過程の均衡分析』が双璧であったが、私は、静学主体の前者よりも、動学への野心的挑戦の書である後者に惹かれた。本書の中で、先生は、静学（＝ワルラス的一般均衡理論）はすでに完成されているが、動学の方は、研究がその緒についたばかりで、なお多くの仕事が残されているという意見を述べられていた。本書が刊行された昭和14年（1939年）というのは、ちょうど、後年のノーベル賞学者J・R・ヒックスの『価値と資本』が世に出た年で、ヒックスは、前半で静学を、後半で動学を論じているが、ヒックスの動学というのは、経済成長というような動学過程の分析を静学的手法でどこまでやれるかという、今にして思えば、珍妙な中間建造物だった。たとえば、経済成長を資本ストックの1回限りの増加が経済に及ぼす影響として見定めようとする手法である。『価値と資本』は、私の十数年上までの経済学者（たとえば、森嶋通夫、小宮隆太郎氏ら）の間に多くの崇拝者を生み出したが、限界は明らかだった。中山先生ももちろんヒックスを念頭に置いて議論をされているわけで、非常に読み応えがあった。先生の「経済原論」も当然資本理論が中心だった。「資本の理論を制する者が経済学を制する」とよくいわれた。先生の頭は実に明晰で、かつ大きなヴィジョンに包まれていることが、私のような未熟学生にもよくわかった。反面、ある日のゼミの話の中で、「最近出てきたパティンキンという面白い学者がいてねえ」というくだりがあった。ドン・パティンキンは、1956年に後年一世を風靡した『貨幣、利子および物価』を著したばかりの新鋭だった。タイトルからして、ケインズの『雇用、利子および貨幣の一般理論』に挑戦する新古典派的野心作である。還暦のご年齢でしかも超人的に多忙な先生が、どちらかといえばまだ無名の著者による、出たばかりの、しかも難解な著作に目を通し、いちはやく「玉」と判定されたのには、大分後になってではあるが、深い感銘を受けた。

倉林義正先生は生粋の江戸っ子で、万事にスマートで、何を訊いても答えがいただけるのでわれわれ学生はいたく重宝した。また、怖い中山先生と違って、非常に近づきやすいところも、学生にとって実に貴重な存在だった。だから、サミュエルソンの教科書についてだけでなく、他の科目で生じた質問もよく先生に答えてもらった。毎日オフィスに現れ、オフィスのドアを開けて、学生の指導を熱心にやる北米の大学教師と違って、日本の大学教師は用事がある日以外は大学に来ないし、来ていても、用事多忙だから、なかなか捕まりにくい。これは今でも変わらない西と東の違いである。こういう不便な環境において、倉林先生の存在は実に有難かった。私は、少し聞きかじった面白そうなアイディアがあると、ゼミの合間に先生のご教示を得ることにしていた。在庫投資と設備投資の行動理論上の違いやデータ選択の違いについてレクチャーしていただいたことが記憶に残っている。中山ゼミは倉林先生でもっていたといっても過言ではない。私の在学当時は先端経済理論の研究をされていたようだったが、私が卒業して以後、先生は次第に経済統計に関心をお向けになり、最終的には国民経済計算（システム・オブ・ナショナル・アカウンツ）の大家として国連でも活躍され、国際的にも名を上げられた。先生のようにスマートでなければ学者にはなれないのかなと私は当時少なからぬ不安を抱いていた。ともあれ、倉林先生には、留学のときの推薦状も書いていただいたし、この年に至るまでご厚誼をいただいたことを深く感謝している。

一橋大学経済研究所の篠原三代平先生も、１回だけ研究所のセミナーで発表されたのをたまたま拝聴しただけだが、中山先生の真似をしていえば、これは「玉」だと直感した。篠原先生のような研究所所属の先生方は、原則学部の講義はしない決まりになっているらしく、大川一司、都留重人、山田勇先生以下相当な人数の研究者が研究所にはおられたが、われわれ学部学生は、その謦咳に触れることもなく、卒業した。でも、学部学生の立場からすれば、こういう研究の第一線で活躍されている先生方にこそ講義をしてほしかった。ユーモアと毒舌で有名なジョージ・バーナード・ショー（１８５６—１９５０）の言葉に、He who can, does; he who cannot, teaches（できる奴は自分でやる、できない奴が教える）というのがあるが、実にその通りだ。囲碁でもゴルフでもちゃんとそうなっている。もっとも、内田樹氏『街場の教育論』によると、スイスイ成功した人間よりも、ひねくれた反骨タイプで紆余曲折を体験した人間の方がいい教師になるのだという。そういえば、日本の教育がうまくいった時期というのは2つあって、一つは職を失った武士の多くが教師になった明治期、もう一つは多数の復員兵士がこれも必要上やむなく教師になった戦後期であったような気がする。それはともかく、篠原先生は、当時ハーバードでの研究滞在から帰国されたばかりで、大川先生以下のグループで日本経済の大掛かりな実証研究をされていて、その一翼を篠原先生が担っておられたように記憶している。当時の日本経済は、前年の1956年に経済白書が「もはや戦後ではない」と締めくくって話題となったが、池田内閣の「所得倍増計画」も以後の奇跡的「高度成長」もまだ未来に属する時代だった。ちなみに、この「所得倍増計画」は、1959年1月に中山先生が読売新聞に書かれた「月給二倍論」にその起源があるといわれる。研究所のプロジェクトは、戦前からの時系列データの整備作成から、それを用いた実証研究に至る壮大なもので、篠原先生が富山弁で訥々と語られる研究成果は、日本経済に将来はあるのかという基本的疑問とともに、聴く者の心を捉えずにはおかなかった。篠原先生は当時40前の若手だったが、その頃から、日本の「輸入経済学」を慨嘆し、自前の「日本経済学」構築の必要性を唱えておられた。私も、わからないままに、先生の感化を受けたらしく、後年『日本経済学』（中央経済社、1999年）なる一書を上梓させてもらった。

一般教養では、一橋大学の名物教授といってもよい数学者山田欽一先生をまず思い出す。先生は小平分校敷地内の官舎に住んでおられて、10円の風呂屋でよくお目にかかった。学生は「やまきんさん」という愛称を奉っていた。学生からあだ名をつけられる先生は人気者と決まっている。やまきん先生は、1年生用の「現代数学入門」で集合論に始まる現代数学論をやられたのだが、講義が無味乾燥にならぬよう、学生の関心を維持する特技があって、その朴訥な話しぶりとともに、学生間に絶大な人気があった。たとえば、可付番に始まる「無限大」内部のいくつかのランキングの話、記号論理学の応用例として取り上げられた犯人探しのモデルなどを懐かしく思い出す。山田先生からは、3年生のときも「応用数学」でお世話になった。今も、そのノートは手元にあるが、数学でいうリアル・アナリシスの講義録である。私は、ここで微分方程式の解の存在および単一性の証明をはじめ、いくつかの基本的知識を身につけた。とくに愉快だったのは、「幅1間半、長さn間の床に畳を敷く仕方は何通りあるか」という問題で、先生が考案し、解かれた定差方程式問題だった。先生によると、幅1間と幅1間半は何とか解けたが、幅2間以上は難しいということだった。私は、教職に就いてからも、時折数学部の講義を聴講したが、講師の話術と例解の創作能力次第で、同じ内容の講義でも学生の理解度に大きな違いが生まれることを知った。山田先生はこの道の達人だった。数学にしてすでに然り、となれば、経済学のような雑駁な科目では教師の対話（演技）能力が極めて重要に違いないと、生涯自戒を続けたものである。ちなみに、北米では、大学院生に、博士号を授与する前に、学部の講義をさせて教育者としての訓練を施す慣行があるが、日本では見られない。残念なことである。これも、日本の大学教員全般に見られる教育軽視の表れかもしれない。

一般教養でもうひとつ思い出すのは、菊池亘先生の「英文学」である。田舎高校で暇が多かったから、1年生のとき、高校の図書館の外国文学書を端から端まで読んだ経験もあったし、ヨーロッパではアングロサクソン人種が一番文学に優れていると思っていたので聴講した。菊池先生は、一見英国紳士を思わせるスマートなお方で、該博な知識は当然ながら、話術の名手でもあって、せいぜい遊び半分の学生たちを退屈させなかった。今となっては、「人殺しいろいろ世に満つ」（シェイクスピアは1564年4月23日に生まれ、1616年4月23日に亡くなったという）とか、彼の奥さんはハサウェイという名で彼の8歳上だったとかという駄洒落しか思い浮かばないが、臨機応変、シェイクスピア役者の声色まで真似て、学生を喜ばせた。サミュエル・バトラーという作家が実は2人いるという話も菊池先生から教わった。先生の講義はこういう面白さがあったので精勤したが、先生の年度最後の講義にやっと間に合って、後部のドアの近くの席に座っていると、間もなく先生が来られて講義が始まった。そこへ見知らぬ学生が一人入ってきて私に「あれが菊池先生ですか」と訊いたのがおかしかった。日本では大学における一般教養教育が絶滅の危機に瀕していると聞くが、それでなくとも明らかに教養不足の日本の大学生が一層ダメになることは間違いない。学生が授業をさぼるというのも日本独特（というか、アジア独特）の慣行であることも後年知ることになった。

1—3　独自のお役所経済学

大蔵省では、大臣官房文書課という大層な名の部署に配属された。官僚組織に無知な私は、黒い漆塗りの箱に決済書類を入れて大臣に届ける役かとがっかりしたが、実はそうではなくて、省の中枢にあり、大蔵省の仕事が全部見渡せる部署であった。文書課には、毎年3人の新入学士が配属され、1年上の3人とともに、省内の6つの局を一人1局ずつ担当させる慣行があった。主計、主税、理財という大きな局を2年生が、銀行、為替、管財の3局を1年生が担当した。私は銀行局担当になった。銀行局が作成した書類のうち、重要な、つまり、官房長、次官、大臣に諮る必要のある書類は、まず私のところに来て、私が納得するまで説明し、それを私が、文書課の担当課長補佐に説明し、私の説明がパスすれば、補佐が課長、官房長、次官へと持ち回って決済のはんこを貰うという仕組みである。私の説明が補佐を納得できなかった場合は、書類が私のところへ戻ってきて、もっと勉強することになる。日本の職場訓練（オン・ザ・ジョブ・トレーニング）は、日本経済の隆昌とともに、世界的に知られることになるが、私が大蔵省で受けたこの訓練ほど、名実ともに有益かつ厳しい職場訓練を私は他に知らない。2年目は理財局担当となり、それが終わると、地方の財務局へ1年派遣され、係長として人使いの技を少々習い、本省に戻って係長を務める、という風にキャリアが進んでいく。30歳代は本省あるいは国税局や税関等の外局の課長補佐を務め、40歳くらいで、同期中の出世頭が本省の主要課長、50歳過ぎで同期中一人だけが事務次官となって、そのクラス全員のキャリアが終わるという仕組み（当時）だった。私は、入省4年目の秋から2年近く、アメリカ連邦政府がハワイに設立した東西文化センターの給費生として仕事を離れ、帰国後は1年勤めたあとで辞職、フルブライト交換学生としてアメリカに渡ったから、大蔵省における実働期間は4年に過ぎなかったが、この4年間の経験は私に後年長きにわたって強烈な印象を残した。というのも、大蔵省が使用する経済学が大学で教わった経済学、とりわけ新古典派経済学とは全く共通点がなく、それでいて、その現実妥当性という意味では、反論し難い説得力をもっていたからである。

当時の日本経済は、朝鮮動乱のおかげで一息ついたとはいえ、やっと戦前水準を回復したといっても、技術も資本もすべてこれからという状態だった。それに、ちょっと景気がよくなると外貨準備が底をつく虚弱体質で、日銀の公定歩合は7―8％という高水準が続いていた。大蔵省としては、通産省と緊密な連携をとりながら、限られた外貨および物的資源を経済の復興発展のために戦略的に重点配分するという作業に没頭していたわけである。経済学でいう「一物一価の法則」などとは正反対の、政策上のプライオリティーに従った金利、物価、補助金制度ががんじがらめに経済を縛っていた。入省最初の仕事として、日本の金利体系のリサーチを命じられたが、それを一応終えるのに何と2か月かかった。新古典派経済学が描く自由市場、需給の実勢に応じて速やかに動く諸価格、需給の基礎となる市民の自由な選択などがどれだけ日本経済に妥当するのかという疑問が抜けきれなかった。私の実家では、父の月給は米、味噌等の必需品を買ってしまえば消えていた。外食は年に1度、正月だけだった。消費者選択の自由などほとんどなかった。経済学は選択の科学である、経済学が教える賢い選択をして豊かになろうという新古典派経済学の福音が空々しく聞こえた。こういう経済学は豊かな人々のためにあるのだと痛感した。選択能力がないこと、これが貧困の本質であると思った。でも、私の実家が特別に貧しかったわけではない。当時の日本人家計の大多数は似たようなものだった。家計だけではない。企業もすべてこれからという苦難の時代だった。だから私も、政府の「見える手」による経済運営をごく自然に受け入れることができた。戦争は終わっていたが、「欲しがりません、勝つまでは」という戦時中の標語が、未来への期待に形を変えて、国民の意識に強く残っていたのである。

政府の見える手による経済運営という点で、大蔵省での4年間で最も印象的だったのは、年度末に大蔵省内の大会議室で行われる金融機関資金審議会の最終会合だった。私は、銀行局担当の文書課員として出席していた。出席者全員に配られる紅茶とケーキが狙いだったが、始まってみると、それらよりずっと面白い結末が待っていた。口の字型に並べられた机と椅子が約30—40人分あって、入口を背にした1辺の中央に大蔵大臣（当時は田中角栄氏）と省幹部、向かって右側に鉄鋼、自動車、繊維、石油化学、電気等、1ダースあまりの、いわゆる通産所管業種の代表、向かって左側に全銀協、地銀協、生保、損保、証券等、大蔵省管轄の金融企業の代表、真向いの席には、日銀、学識経験者、経団連会長ら産業界の代表が並んでいた。主婦連代表の顔もあったような気がする。この最終会合の目的は、過去1年間、通産省が需要面を、大蔵省が供給面を、精査調整してやっと漕ぎつけた設備投資資金の業種別配分決定であった。大蔵大臣が、まず、政府の経済成長目標とその達成に必要な設備投資水準を述べたあと、各資金需要者から来年度の需要計画額を、次に各資金供給者から来年度の供給計画額を聞き取り、それらを集計し、前述の政府目標額と対比して、需要を少々削り、供給を少々増やすなどの最終調整をやって、儀式が完了するのである。私は感動を覚えた。何しろ、サミュエルソンの教科書で教わった、*I* equals *S* すなわち「投資＝貯蓄」というマクロ経済学の基本的均衡条件が、自分の目の前で達成されたのであるから、大変なことだ。経済学は役に立つのだという証明を見せられた気がした。

私が目撃したこの儀式が、経済運営の観点からいかに価値あるものであったかは、語るまでもない。一言でいえば、情報利用上の高い効率である。日本経済は、伝統的に、情報の収集・管理・利用に優れた制度であった。従業員の生活状態（住所、家族構成等）に関する詳細な情報を雇い主である企業が収集・管理する、個別企業の経営状態や活動計画等に関する情報をその業界組織が収集・管理する、最後に、これらの情報を全業種について集計したマクロ情報を経団連が収集・管理して、必要に応じ、政府と膝付き合わせて、政策立案の情報と意見を交換する、という風習が確立されていた。アメリカにも業界団体はあるが、それらは、政府に対して陳情を行うだけで、情報をシェアして、協調体制を築くということは絶対起こらない。情報に関しては、政府と国民とは、やや大袈裟にいえば、敵対関係にある。だから、政策の立案に当たっては、アメリカ政府の場合、1日何百万ドルという大金を支払って専門家を雇い、政策の知恵を得る（アメリカの官僚は日本の官僚ほど優秀ではないし、勤勉でもない。政権が変わるたびに高級官僚ポストの大半が新しい外部タレントによって占められる国では無理もないことであろう）。マクロ政策の場合であれば、消費関数や投資関数を推計して、民間部門の行動を見定め、そのうえで、望ましい財政金融政策を策定することになるが、推計した民間部門の行動式の精度は低いし、それに、民間部門の目前の行動変化を政策に取り込むことも不可能である。こういう意味で、日本の政策立案における情報利用の効率は、申し分のない高さにあった。また、上述の儀式において合意された設備投資額が単なる見込みではなく、強制力のある実行額だったことも極めて重要である。もちろん、この儀式以外でも、私が4年間に経験した当時の財政金融政策の効果については、納得せざるを得ないことが多かった。日々行われる「省議」で政策案が議論され、決定されるわけだが、議論の中で、こうすれば民間部門がこう動く、ああすればああ動く、といった「予測」が飛び交い、決定された政策が翌日の新聞に出て、それから数か月、省議で予測された通りに経済が反応するというケースが多々あって、まるで手品を見る思いがしたものである。日本のようないまだ貧しい経済においては、本来国民に広く与えられるべき選択権の行使を国が代行し、本来自由市場に決定を委ねるべき価格のうちの重要なものを国が政策的に決定するという当時の慣行には、それなりの合理性があったように思われた。吉田、岸、池田、佐藤と続いた官僚出身総理が政官財の協調を円滑にしたことも見逃せない。私は、日本には日本の経済学らしきものがあるという確信を抱いた。

しかし、その反面、このような人為的経済管理の綻びもすでに見え始めていた。銀行局担当の私の机の上に、ある日、全国信用農業連合会なる組織からの大臣あての陳情書が届いた。自民党政権は、伝統的に、農業保護政策に熱心であったが、公定歩合が7―8%という高金利の時代においても、農林漁業金融公庫からの融資は、償還期限20年、3年据え置き、金利年4・5%というような浮世離れした条件で行われていた。公庫の使命は、もちろん、農業融資を低利で行うことだったが、陳情書がいうには、近年、農業部門内部に生まれる貯蓄が、部門内での需要量を超えてきた、聞くところによると、最近、投資信託という利回りの高い金融商品が出回っているという、ついては、われわれの余剰貯蓄をもって投資信託に運用できるよう取り計らってもらいたい、というものだった。所詮カネのような融通無碍な品物の価格を政策的に決めようというのは無理な話だったのである。高度成長が板につき、国民生活が豊かになると、この国家資本主義は次第にアメリカ的分権制度によって取って代わられた。そういう意味では、上に述べた日本的システムは過渡期の産物だったが、政治経済学の観点からは、多くの教育的価値をもっていたと私には思われる。とりわけ途上国の発展戦略には重要な教訓を含んでいたと考えられる。1990年にハワイで行われた東西の経済運営に関するコンファレンスで、私が上述のマクロ均衡達成儀式の話をした時、会議に同席していたジョー・スティグリッツ（現在コロンビア大学教授。2001年にノーベル経済学賞受賞）が大いなる興味を示した。普段から自由市場経済、とりわけ資本市場の資源配分能力に疑問をもち、情報の有効利用の重要性を強調する氏にとっては格好の事例だったようである。

大蔵省での短い勤務期間中に成し遂げた仕事などないが、強いてあげるとすれば、それは、1964年秋、東京で開催された国際通貨基金・世界銀行の世界大会において、田中大蔵大臣が行う冒頭の挨拶文の起案だった。私のいた財務官室のほか、国際金融局からも原案が出されたが、最終的には、私の草案が採択された。私の草稿の骨子は、日本は、皆様方の多大な国際援助のおかげで、復興・発展の運びとなりました、今後は、このご恩に報いるため、後に続く国々にできる限りの援助を行っていく所存であります、という「順繰り論」だった。あとは、見習いとして勉強するだけの毎日であったような気がするが、退職するときには、頭の中に「大蔵省経済学」がかなり形を整えて収まっていた。その有用性については、日常の体験から相当な評価をせざるをえなかったが、果たして、それが国際性・普遍性をもつ経済学なのかという点については、自信がなかった。私は、大学卒業時点にも増して、経済学とは何かという基本問題を引きずっていた。そうなった大きな理由は、2年弱の期間、ハワイの東西文化センターで集中的に詰め込まれたアメリカ経済学＝新古典派経済学のせいであり、中でも、特に強い影響を受けたのは、ジョンズ・ホプキンス大学で学位を取られて間もない若い学徒、佐藤隆三先生だった。偶然ながら、佐藤先生は一橋大学の出身で、しかも、中山ゼミの先輩でもあった。結局私は、経済学とは何かという疑問の答えを求めて、役所を辞め、アメリカに旅立つことになるが、当時は日本に帰って役人生活を続けること以外念頭になかった。

1―4　新古典派経済学に浸る

佐藤先生の処女論文は「新古典派成長モデルにおける財政政策」という表題で、1963年の『レヴュー・オブ・エコノミック・スタディーズ』という一流国際誌に発表されたばかりで、目の前にいる私よりたった6歳上の、30歳を過ぎたばかりの若い先生がその著者であるというのは、学問とはエライ学者連の著作を読むものだと決め込んでいた私には、大きなカルチュラル・ショックだった。新古典派成長モデルというのは、1950年代後半にエム・アイ・ティーのロバート・ソロウ等が創ったモデルで、ひとつの国民経済を1個の巨大な生産関数で表し、投入物は物的資本と人的資本の2つ、生産関数は規模に関する収穫一定という性質をもち、経済成長は、2つの投入物の増加によって起きる。このうち、人的資本の増加率は所与と考えられるから、成長促進の原動力は、物的資本の増加率（すなわち、投資＝貯蓄）の増強にかかってくる。一定の貯蓄率が、人口増加率、技術水準等とともに与えられると、モデルは任意の初期状態から成長を続け、究極的には、所得、物的資本、労働力のすべてが、人口成長率に等しい率で均衡成長を持続するという結論が出てくる。先生の論文の目的は、財政政策が国民貯蓄率を1回限り永続的に引き上げたとき、1人当たり所得がどれくらい速く、新しい貯蓄率に対応する高い長期均衡水準に接近するかを見定めることだったが、先生の結論は、所得が現在値と新均衡値のギャップの、たとえば9割を達成するには、1世紀近くかかるという非常に悲観的なものだった。もしこれが真実なら、日本は絶望的状態にある。というのも、当時の1人当たり平均所得の日米格差は1対5くらいだった。アメリカの数値を高い貯蓄率を誇る日本経済の長期均衡値としても、そこに追いつくのに1世紀もかかるのでは、やる気を失ってしまうではないか。そもそも1つの国民経済を1つの生産関数に還元し、貯蓄率＝投資率だけでその長期成長経路を予測しようなどという横着な考えが間違っているのではないか。いや、間違っているに違いない。大蔵省で、経済の複雑な諸制度と日夜行われる政治的決定過程を目撃してきた私には、そうとしか思えなかった。つまり、経済学とは何かという私の基本的疑問は、解けるどころか、ますます拡散するばかりだった。

それはさておき、佐藤先生の問題提起が極めて重要なものであることは、当時の私にもよくわかった。政策効果の伝播速度がいかほどであるかが、政策担当内閣にとってしばしば死活問題になることは周知の事実であるからである。事実、この伝播問題は、その後30年間動学理論上の基本問題の1つとして、存続することになる。佐藤先生は、発想豊かなお人で、毎週のように、私などを捕まえては、新しいアイディアを試された。聞く者が示す反応をチェックするのが目的らしかった。経済学は妙な学問で、素人でも知的な人間（たとえば、大蔵省に多くいた法学部出身エコノミスツ）には容易に理解できる学問であり、また、そういう人々にわかってもらえないような命題が深い真理を含んでいる可能性はゼロである。もし、常識をぶち破るような真理の発掘が科学進歩の尺度だとするなら、経済学の科学としての水準はそう高くないことになるが、経済が人間の営みであるからには、やむを得ないともいえる。私も、現役中何かアイディアが浮かんだときは、できるだけ知的素人の人に平明な言葉で説明して、You make sense といわれたら、合格と決めていた。教員同士が学問的交流をしない日本の大学では、この大事なテストが行われず、損をしている研究者が多いように思われる。佐藤先生の発想は豊かで、面食らうような命題が時折飛び出したが、そのうちのひとつは、最適成長経路が循環的変動を伴う可能性についてだった。それはあり得ないというのが、私の最初の反応だった。生産関数も効用関数もいわゆる凹型のモデルにおいて、生産量にせよ、消費量にせよ、変動する経路がスムースな経路以上の効率を発揮することはあり得ないと思ったからである。でも10年後、ウィーンで行われた「経済理論における均衡と不均衡」をテーマとする国際コンファレンスで発表した私のモデルは、最適成長経路が所得の上下変動を伴うことを例証した。長期均衡にある経済において、画期的な新技術が導入され、その新技術は、長期的には旧技術よりも明白に優れているとする。経済は、いかなる時間経路を経て旧均衡から新均衡に移行するか、その過程で何が起きるかが私のテーマだった。簡単なモデルを構築して最適移行経路を調べると、旧技術から新技術への移行は直ちに行われるのではなくて、しばらくは、旧技術（および旧式資本）に頼って生産を続け、旧式資本が減耗して、全労働力を雇用できなくなった時点で、新式資本の蓄積とそれによる生産が始まる。この時点以前においては、投資活動は低下しており、それとともに、所得も低下を続ける。投資が活発化し、所得が増加をはじめるのは、新式資本による生産が実現したのちである。この移行過程における（1人当たり）所得は、こうして、長い循環変動を経験することになるというわけである。別な言葉でいえば、技術革新のような大きな情報的環境変化が起きると、今までやってきたこと自体が「誤り」と判定され、その誤りを修正する過程で、変動が生じるのである。

こうして次第に私は、アメリカ生活に慣れ、新古典派経済学に没頭することになった。歴史的に見ると、アメリカ経済学は大きく変貌してきた。アメリカ大陸という史上例のない広大かつ資源豊富で人口過疎な土地に新たな国を築いたアメリカ人は、自分たちのユニークな国のための、歴史的、地理的、制度的な経済学をまず探求した。抽象的経済理論はヨーロッパの学者に任せ、自分たちの経済運営に専念するという、いうなれば、経済学におけるモンロー主義の実践であった。われと思わん経済学徒は、競ってヨーロッパに留学するというのが、20世紀初頭までのアメリカだった。しかし、両次世界大戦を経て、アメリカは、好むと好まざるとにかかわらず、世界のリーダーに祭り上げられてしまった。こうなると、世界に共通する普遍的経済学が求められる。この目的に実にピッタリだったのが、新古典派経済学であった。古典力学を模倣したこの経済理論には、個別民族がもつ歴史、伝統、環境、美学というような特性は何もない。いうなれば、自由と平等、それに富と平和を重んじる普遍的人間のための経済学である。とりわけアメリカ人が気に入ったのは、新古典派経済学が競争的個人主義と自由で開放的な市場システムを賛美する経済学だったことである。何だ、自分たちがやってきたことそのものではないか、というわけだ。この国籍のない経済学は、戦時中戦火と寄生国のエリートによる差別・迫害を逃れ大挙してアメリカにやってきたユダヤ人学者が理想とする経済学でもあった。この人たちが戦後アメリカを世界の経済学の中心地にしたといっても過言ではない。世界に名を知られるアメリカの経済学者は、サミュエルソン以来、今日のスティグリッツ、クルーグマンに至るまで、圧倒的大多数がユダヤ人である。ともあれ、こうして新古典派経済学は、新しい世界指導者アメリカの支持の下、世界経済を治める経済学となっていった。とくに、１９６０年代の前半というのは、パックス・アメリカーナの絶頂期に当たり、１９６４年の不況を見事な補整的財政政策で回避させた経済学者は、世界中の貧困解消の道具として、新古典派経済学を活用しようと意気込んでいた。国際通貨基金・世界銀行を主軸とするグローバルな開発援助体制（いわゆるブレトン・ウッズ体制）が創設され、経済学者は経済成長理論とその応用研究に没頭していた。こういう楽観的ムードの下で、しかも佐藤先生のような景気のいいメンターの傍にいると、だんだん気が大きくなる。佐藤先生から教わった教訓は2つあった。一つは、経済学を読む学問としてではなく創る学問として勉強することだった。この意識の変化は重要で、以後他人の論文を読むときでも、それを理解しようというだけでなく、そのアラ探しをし、望むらくは、間違いを見つけ、それを正し、あるいは改良しようという欲求が生まれてきた。一言でいえば、思考の密度が大きく高まったのである。若気の至りとはいえ、私は実際にトービン、アロウという2人のノーベル賞学者の論文の不備を糺す論文を書いたこともある。もう一つの教訓は、大学教育というものの本質は与えられた分野の効率的なサーヴェイでなければならぬというアメリカの大学（カナダも同じ）では広く行き渡った慣行であった。先生はそれを徹底的に実践した。私が最初に受けた先生の経済成長理論の講義は、スミス、リカード、マルサス、マルクス等の古典派経済学（その主題は資本主義経済の将来）から説き起こし、1950年代以降の新古典派成長理論、それに対するケインズ的批判を総括するもので、これにより、成長理論がいかなる経路（問題意識、分析手法、予測等）を経て現在に至ったか、今未解決の大きな問題は何か、今後の研究戦略はいかにあるべきか、という風な「大きな絵」が見えてきた。こういう「絵」を描いて見せることこそ、大学教育の本質だと私は確信した。日本の経済学教育（経済学だけではないと思うが）で一番目につくのは、正に、この大事な認識が一般的に受け入れられていない点である。私が1990年代後半から10年近く日本の大学で見聞した印象では、事態は今でもそう変わっていないように思われる。日本の院生は、「絵」を自力で描き、それを基に面白い問題を自力で見つけなければならないが、それに要する労力と時間は膨大で、これでは、アメリカの院生と太刀打ちできない。かといって、海外留学もカネがかかるし、それに、今や、グローバル競争でアメリカの大学も狭き門となった。そもそも、学者の養成を外国に頼ること自体、先進国としては格好いいものではない。日本の大学の一層の奮起をお願いしたいものである。

東西文化センターでの21か月はあっという間に過ぎた。日本社会の同化作用は強烈である。日本に帰って1か月もすると、ハワイでの体験が遠い日々の思い出となって風化した。私は、依然として、経済学とは何だろう、もう少しやるべきか、もうこの辺で落ち着いて役人に徹しようか、と思い悩んだ。こういう鬱積した気分で1964年6月お役所に戻った私は、一生の決断を迫られることになった。原級復旧を認めてもらったおかげで、税務署長転出が迫っていた。税務署長というのは、若輩ながら、国を代表する役職であり、税務争訟において被告席に座るのは、国税庁長官ではなくて、所轄税務署長なのである。それは数十人の部下をもつ管理職であり、地方の名士でもある。こういう職を経験してしまうと、年齢のこともあり、冬に結婚する予定でもあり、もはや自分の都合で役所を辞めて学問をするなどという選択肢はなくなってしまう。私は、意を決して、税務署長転出を辞退し、留学することにした。といっても、夫婦で月給が100ドル（＝36000円）に満たない状態では、フルブライト交換留学生になる以外に途はなかった。1965年1月のある日、フルブライト筆記試験を受け、二次の口頭試験では前年あるパーティーで面識を得ていたヒュー・パトリック教授（当時イエール大学）が試験官であったという幸運もあって、合格してしまった。でも、仕事場でこういうニュースが漏れると、仕事ができなくなる。留学の件はひた隠しにして、7月末まで精勤し、身重の家内が飛行機で飛べるギリギリの日程で、留学先のブラウン大学に飛んだ。所持金は外為法規則による限度額の200ドルだった。私の旅費はフルブライト委員会から出たが、家内のプロヴィデンス行片道切符代615ドル（＝22万円余）は私の懐から捻出せざるを得なかった。自分で選んだ途とはいえ、天涯孤独のわびしい旅立ちだった。

プロヴィデンス市は、ロード・アイランド州の州都で、かつてはニュー・イングランドの繊維工業の中心地のひとつとして栄えたという古い町だったが、私が住んだ1960年代後半の時点では、活気がある町とは言えなかった。その分だけ、古くて安いアパートや住宅が多く、生活費が安いという利点があった。今度の留学は自分の一生がかかっていたから、真剣だった。大学の講義登録、住居の決定等のほかに、それよりもっと緊急の仕事があった。家内の出産予定が9月末で、保険を買うにはもう遅すぎた。大学の外国人留学生部長の女性に頼んで、産婦人科医院を紹介してもらい、病院の会計ボスと交渉した結果、通常なら700ドルかかる分娩および直後3日間の入院費用を私が払えると申し出た１５０ドルに負けてもらったのはいいが、足りない分は、お前の血で払えといったので、ボスの顔がシェイクスピアの『ヴェニスの商人』に出てくる金貸しシャイロックに見えた。アメリカ式合理主義とはこういうものかと今さら異国に住んでいることを実感させられた。

私は講義登録で多忙な数日を過ごした。当時アメリカの大学では、博士号希望者には2つの外国語において検定試験合格することを義務化していた。私が日本語を提案すると、日本語は主要西欧語ではないからと否認され、やむなく、昔一橋大学で教わったドイツ語を第二外国語とすることにして、早速、ドイツ語の講義にサインアップした。経済学の方は、ミクロ、数理統計、貨幣理論、数理経済学、経済学説史に登録した。もうひとつ、博士号希望者に必修とされたのは、アメリカ経済に関する制度的科目の履修だったが、私は、ハワイ大学で履修したアメリカ財政制度史を思い出し、交渉して、この単位の移転を認めてもらった。2年生になると、マクロ、計量経済学、財政学、国際経済学、企業金融等から数科目を採り、夏に第2外国語の試験をパスし、秋には、ミクロ、マクロ、計量経済学を含む5つの科目について、博士号取得のための集中的試験（ミクロ、マクロを含む3科目は筆記試験、あとの2科目は口述試験）を受け、これらを全部パスすると、いよいよ、博士論文に進めることになる。ミクロとマクロのいずれかに失敗すると、他科目の出来に関係なく、全部やり直しになり、2回試験に失敗すると、追放となる。ちなみに、アメリカの大学では、新入院生は学部の新卒が大部分で、全員が博士号希望者とみなされて、同じ処遇を受ける。修士号は、脱落者に対して与えられる残念賞である。

私は、ハワイで大学院教育を少々体験し、また、アメリカの大学院教育について佐藤先生からいろいろ聞いていたので、何をなすべきかを一応理解していた。第１は、最初の学期に頭角を現すことである。人間を長い目でじっくり観察して評価する習性の日本人と違って、アメリカ人は最初の「印象」で人間を評価する癖がある。最初にうまくやると、あいつはできる、とスター扱いになるが、逆に、最初の印象が悪いと、これを覆すには並々ならぬ努力が要る。だから、とにかく、最初の学期が勝負なのだと私は覚悟した。特に私のように、大学の奨学金で生きる者にとっては、２年目の奨学金の合否が第１学期の成績にかかっていた。第２は、優秀な学生の文句ない証拠は、専門誌に論文を発表することである。そのためには、登録した各科目において、publishable な問題を見つけ、それを格好よく調理して論文に仕上げることである。私はそういう意気込みで１９６５年秋からの博士号取得というプロジェクトを開始した。私には、もうひとつこのプロジェクトを成功させたい理由があった。数年間の社会人生活を体験していた私には、院生生活をできるだけ早く終わりたいという思いがひと一倍強かった。そのためにも、最初に頑張ることが一層重要だった。すでに述べたように、アメリカの大学院教育（学部教育もそうだが）は、内容の充実したサーヴェイで構成されている。だから、各分野において、何が面白い問題かが講義を受けている学生におのずからわかるようになっている。また、アメリカの経済学者は、常に、アメリカ経済が直面する問題に関心を集中させる。たとえば、第二次世界大戦中は、豊かなアメリカでも、諸物資の不足と配給制度が恒例になったが、足りない物資をどう分け合うべきか、その経済効果は何かが、線形計画法を用いて盛んに研究された。よく知られた問題のひとつに、兵隊さんの日々の食事を、カロリー、諸ビタミン、タンパク質、脂肪、炭水化物等々の必要摂取量を満たしつつ、その費用をいかに最小化するかというダイエット問題がある。戦後これらの研究は、非線形計画法に拡張され、あるいは、配給制度により観察消費量が人為的に頭打ちになったデータからいかにして真正な需要関数を推計復元するかなどといった新しい研究の途を開いた。戦時中多くの国々で猖獗を極めたインフレ問題は、戦後マネタリストと呼ばれる人々によって、理論武装された。要するに、経済学は使うためにあるというか、実利と学問が一体化しているのである。それはともかく、アメリカの先生方は、日本の先生方と違って、研究はもちろんだが、教育に熱心だなというのが偽らぬ印象だった。

私のブラウン大学における最初の1年は、あっという間に過ぎた。幸い、2つの科目において、在学中に専門誌掲載が決まる論文を書くことができて、2年目の奨学金が保証された。1

年目が終わりに近づいた春、50ドルで古いヒルマンを買って、親子3人で買物あるいはニューポートのような観光名所にも出かける楽しみができた。私は、院生生活を短縮するため、コースワークは1年だけにして、2年目の秋に博士号取得のための集中試験を受けることにした。マクロと計量は授業を受けないで受験した。正直にいって、いささか怖かったが、無事合格して、論文に取りかかった。新入院生たちの数理統計学をチューターするという仕事と引き換えにサバティカルで不在の教授のオフィスの使用を許され、乳飲み子のいる狭い我が家での勉強から解放された。

私は、博士論文のテーマとして、新古典派成長理論の拡充を考えた。一つは、マクロ生産関数と貯蓄率、それに労働力の（外生的）成長率だけで、経済成長を描写するモデルに、貨幣を導入することだった。前に述べたように、ニュートン物理学を模倣した新古典派理論には、貨幣のような人為的要素はない。もっと悪いことに、新古典派の一般均衡理論は、貨幣があって初めて可能となるような効率的交換活動を仮定してしまっている。だから、貨幣を今さらモデルに導入するスペースも必要性もないわけである。パティンキンの前掲書も、「カネでモノを買うことはできるが、モノでモノを買うことはできない」と威勢よく切り出してはいるが、それ以上何の進展も果たしていない。いろいろ思案しているときに、イエール大学の後のノーベル賞学者トービンが貨幣を実物資産の代替的資産と定義し、両者の収益率をめぐる競争を通じて、貨幣が経済の成長経路に影響を与えるというモデルを『エコノメトリカ』（１９６５年）に発表した。トービンによれば、インフレ政策は、貨幣の実質収益率を引き下げることによって、人々のポートフォリオにおける実物資産による貨幣資産の代替を起こし、それが投資を増加させ、経済成長を促進させるという。偶然だが、昨今のアベノミックスを連想させるアイディアである。私は、果たしてインフレ・ターゲットとそこに到達する経路が自在にコントロールできるものなのかを問題にした。私の結論は、多資産市場で完全裁定が実現するような効率的資産市場をもつ経済は、特殊な内在的不安定性をもっているがゆえに、単に１％のデフレ均衡と２％のインフレ均衡を比べて、後者の方が高い均衡所得水準を達成するというような、比較静学的な議論は額面通りには受け取ってはならないというものだった。

もう一つの拡充は、資源の完全雇用を仮定する新古典派成長理論に、ケインズ的要素を導入することだった。財市場と労働市場における需給均衡を保証する完全伸縮的物価と貨幣賃金の仮定を、固定的ではないが、物価と貨幣賃金がともに不完全伸縮性をもつという仮定で置き換えると、財市場も労働市場もクリアーしていないのに、たまたま物価と貨幣賃金の変化率が同一となり、実質賃金がそこで静止する可能性が出てくる。数量面でも、需要量＝供給量＝実現量という新古典派的な関係は崩れて、３者がいずれも異なるのがむしろ正常状態になる。たとえば、現実の生産量は、需要量に在庫調整分を加えたものになる。生産物在庫の水準が高い不況期には、少々の景気刺激策では、生産も雇用も増加しない。こういう状態において経済をおカネでダブダブにしたらどうなるか。その一部が生産物への需要を増やし、インフレが起こり、実質賃金の低下を起こし、それが労働需要を増やし、生産増加に向かうか、それとも、借金の返済と株式市場の一時的活性化に終わるかというと、後者の可能性の方が高そうである。現金から株式へ資産需要がシフトするのは、いかにもトービン流だが、彼の2資産モデルと違って、株式投資が即実物投資になるわけではない。新古典派理論が無視した投機の不安定性が大きな政策課題になってくる。こういう風な問題提起を一つの論文にまとめた。学位論文のタイトルは「成長経済における貨幣の役割」とした。幸い2つとも学術誌に掲載された。

ブラウン大学の3年目は、学部4年生の数理統計学・計量経済学の授業を担当させられ、院生と助教授の中間くらいの収入に増額してもらった。1968年6月、ブラウン大学のちょうど200回目の卒業式で私は卒業した。名誉博士号を受ける喜劇王ボブ・ホープの顔も見えた。結果的には、2年と9か月ですべて終えたことになる。これは当時経済学部での最短記録だったそうだ。こんな記録を私は別に誇りに思っているわけではない。大体私は生来拙速主義者だったような気がする。大事なのは、いかに速くではなくて、いかに立派な仕事をするかである。でも正直に言って、幼児2人を抱えて、ああ、やっと院生生活から解放された、これから私の人生が始まる、と安堵したものである。

院生生活の締めくくりは、就職活動である。北米では、毎年クリスマス直後の４日間、社会科学合同の年次総会が開かれるが、それは同時に新博士たちの就職市場でもある。私が参加した１９６７年12月の総会はワシントンＤＣで開催された。私は、フルブライト交換留学生であり、留学目的達成（＝学位取得）以後18か月以内に24か月以上アメリカを離れなければならなかった。そういうことに関心がない私のアドヴァイザーは、お前の職は俺が見つけてやると勝手に東部の一流大学を中心に１ダースくらいの候補大学をラインアップしてしまった。ワシントンのホテルに滞在した３日間、私は、時計を見て指定されたホテルのスイートに陣取る各学部長に会い、全部で10あまりの大学の面接を受けた。毎日雪が降り、頭からしずくを垂らしながら走り回って本当に疲れた。私のアドヴァイザーの口癖の一つは、「シカゴより西に大学はない」というセリフだった。私がひそかに望んでいた太平洋岸の大学を私から申し出せるような雰囲気ではなかった。ましてや、海沿いに住みたいというような勝手な希望を口にすることはできなかった。これらの大学のうち、ハーバード、ロチェスターおよびペンシルヴァニア大学にはセミナーに出かけた。ロチェスターとペンからはオファーをもらったが、そして両大学とも、私の滞米許可を得るため全力を尽くすといってくれたが、それは保証ではない。すでに子供が２人いて、不安だった私は、会場のホテルで偶然会ったブラウンの先輩でバンクーバーにあるブリティッシュ・コロンビア大学に勤める旧知に頼んで学部長との面談をアレンジしてもらい、結局そこに就職することにした。アドヴァイザーには事情を説明し、事後了解を得た。こうして1968年6月末、私は初めてカナダの地に足を踏み入れた。プロヴィデンスからバンクーバーに移ると、2つの落差を実感した、一つは、アメリカとカナダの差である。1人当たり所得において、カナダはアメリカの9割くらいだった。1カナダ・ドルはアメリカの92・5セント（当時のIMF平価）だった。私の初任給もアメリカの相場より1割は低かった。逆に、諸物価はアメリカより高かった。米加の国力の差の表れである。2つ目は、西部の東部に対する落差である。アメリカもカナダも、政治経済の中心は東部で、政治家や企業家の顔も総じて東を向いている。少なくとも、伝統的には（そして当時もまだ）そうだった。アメリカ東部から来た私は何となく田舎くさいバンクーバーの街を眺めながら、2年間の辛抱だと自分に言い聞かせる日々がしばらく続いた。

しかし、バンクーバーは今まで見た町の中で最も美しい町だった。西は海、北は山に守られ、フレイザー川が東の山々から流れ込み、南には広大な農地が展開する理想的な自然条件を備え、気候は四季温暖で、町のつくりもゆったりとしている。わがブリティッシュ・コロンビア大学は1915年の創立で新しいが、バンクーバー市の西端に突き出た半島の突先部分を丸ごと占拠していて、おそらく世界中で一番広く美しいキャンパスだと思われた。到着早々カネ稼ぎに教えた夏季講座の学生は、アイヴィー・リーグの厳選された聡明な学生と比べるとひどく見劣りして、漱石の坊ちゃんの心境だったが、9月の新学期以後出会った学生諸君は、概して勉学意欲旺盛で、質もよかった。ベトナム戦争等で物騒になってきていたアメリカの街と比べると、バンクーバーの治安は格段によく、子育てには理想的とも思われた。2、3のアメリカの大学に職探しに出かけたが、バンクーバーとブリティッシュ・コロンビア大学の組み合わせに勝るものは見つからなかった。結局バンクーバーに定住することにし、1997年還暦を機に早期退職して日本に8年余の長期滞在をするまでの29年間をこの大学で過ごした。

1—5　カナダの経済学

カナダは、日本人にとって、比較的未知の、しかし、興味ある国である。カナダは、いろいろな面で、日本とは正反対の国である。まず、カナダは国土面積において、世界一の国である（ソ連の解体によってナンバー・ワンになった。面積は日本の26倍）。一方、人口は最近急増（大部分は社会増）しているが、それでもやっと3500万。人口密度でいうなら、日本の100分の1だ。とにかく広い。太平洋に面したブリティッシュ・コロンビア州から、大西洋上に浮かぶニューファウンドランド島までの6つの時間帯をもつ。つぎに、カナダは世界有数の大資源国である。古くは毛皮、木材、タラ等の漁業資源、新しくは、石炭、石油、天然ガス、金、銀、銅、ウランその他の金属資源、水に至るまで、すこぶる豊富である。カナダの通貨と株価は、カナダ経済のマクロ指標によって動くというよりも、グローバル市場における諸資源価格と連動する。何事が起ろうと、カナダは最後まで生き延びるような気がする。もう一つ、日本との大きな違いは、日本が、立法権を国が独占する「単一国家」（＝ユニタリー・ステート）であるのに対して、カナダは、立法権を国と州が分け合う「連邦国家」（＝フェデラル・ステート）であって、しかもカナダは世界で最も分権的な連邦国家であるという点であろう。カナダでは毎年連邦政府が州（全部で10州3準州）の首相を招いて経済政策をはじめ国政一般に関して意見交換する慣行があるが、この場における連邦政府は、政策の主導者というより、会議の議長である。というのも、州政府の賛同なしに連邦政府がやりたいことをやるなど不可能だからである。それだけでは足りないのか、四半世紀に1度くらいの頻度で、国政に関する「王立委員会」が全国の知識人から形成され、委員長が1年余り全国を行脚して、公聴会を開いて意見を聞き、それを基にして、「王立委員会報告書」なるものを執筆公開する。報告書は結局施政者のアリバイ作りに利用されているような気がする。ともかく、おそろしくカネと時間のかかる政策立案過程である。せっかちの日本人なら、我慢できないところであろうが、そこは、分限者の鷹揚さを豊かに持つカナダ人だ。民主主義を真面目に実行しようとすれば、これくらいの費用がかかって当然と達観している風である。カナダ人の州民意識はすこぶる強く、連邦政府は利用するものではあっても、指導を仰ぐ存在だとは全く考えていない。ここも、日本人と正反対である。

カナダは10倍近い大国アメリカと８９００キロの国境を共有し、経済活動は生産も消費もアメリカの影響が非常に強い。そしてアメリカは幾度となく英領植民地だったカナダを併合しようと試みた。たとえば、１７７５―６年の独立戦争あるいは１８１２年の英米戦争の成り行き次第では、カナダはアメリカの一部になっていたかもしれない。１８４９年に英米間の合意でいわゆる49度線が引かれ、軍事的対立はなくなったが、西部開拓のペースが遅れたカナダは、法的にではなくても、経済的にアメリカの属国になる危険にさらされ続けた。１８６７年英国議会に作ってもらった「英領北米法」を憲法にして、カナダは独立するが、カナダ経済はアメリカ経済に比べかなり遅れていた。第二次世界大戦が終わった時点で、カナダの１人当たり国民所得はアメリカの３分の２だった。ところが、戦後、カナダ経済は急成長する。大量の米国資本の導入と、それによる資源開発がその主要因である。そして１９６０年代末には、ほぼアメリカに匹敵する生活水準を確保するに至る。そしてこのころから、カナダ人の間に新しいナショナリズムが台頭する。１９５７年に、のちに大蔵大臣も務めたウォルター・ゴードンがまとめたカナダの長期経済見通しに関する王立委員会報告書は、カナダのナショナリスト・マニフェストとして有名である。この報告書は、カナダ経済における外国資本支配の軽減こそ経済的自立の必須条件であるという認識に基づき、次のようにいう。「第1に、外国資本の導入は可能な限りカナダ経済の支配力をもたない債券および不動産抵当権の形をとるようにする。第2に、資源および製造業部門への外国資本の導入については、カナダの資本および国益と結合させるようにする。第3に、カナダ金融業の外国支配を排除するよう万全を期する。」1968年から1984年までの長期間（途中1年足らずの短期間を除く）にわたって自由党政権を握ったピエール・トルードーは極めて自尊心の高いリーダーで、外国資本導入に関する個別審査、エネルギー国有化等経済面での規制を強化する一方、文芸活動やラジオ・テレビ番組の内容に至るまでナショナリズムを鼓舞する政策を採った。万事アメリカに対する挑戦である。ニクソンが大統領時代、世界中で一番嫌な奴はトルードーだと側近に洩らしたと伝えられているが、信じられることである。トルードーの後を継いだ保守党のマルローニ首相は、レーガン大統領時代に米加自由貿易協定を締結するなど、友好関係を再建し、以来、米加関係は（日常的夫婦喧嘩は別として）おおむね良好である。

しかし、強烈なエゴをもち、概して独善的な大国の隣人として生きるカナダにはいろいろ苦労が多い。アメリカと友好関係を保ちつついかに自己のアイデンティティーを保持するか、アメリカが誤ったコースに入り込んだとき、いかにその弊害を回避するかといった現実あるいは仮想の問題が常にカナダ人の脳裏を離れないからである。カナダのポリティカル・エコノミーは本質的に受け身で、防御的なメンタリティーから成っている。この点で、カナダは日本とよく似ている。一般的にいって、カナダ人はアメリカ人と日本人を平均したような国民である。アメリカ人が世界でも稀有な自己懐疑をもたない国民であるのに対して、カナダ人は内向的で、自己懐疑を豊かにもっている。アメリカの朋友ではあるが、自立精神は旺盛である。アメリカに非があるときは、堂々と反論する。日本人のように、こういうことをいうと、アメリカ人が気を悪くして、対米関係にヒビが入るからというような臆病さはもっていない。カナダは日本にとって利用価値の高い国である。カナダほどアメリカを熟知している国はないし、また、カナダほどアメリカに対して平等に議論できる国はない。しかも、カナダは、国際紛争におけるフェアな判定者として世界に知られている。日米関係がギクシャクするとき、カナダに知恵を借り、カナダに代弁者となってもらうことを日本は考えるべきではないかと思う。

カナダ人の経済学も、アメリカ人の経済学と一体であるように見えながら、中身はかなり違う。カナダの経済学者も、表面上は、アメリカの大学が使うアメリカ人が書いた教科書を使って教育をし、アメリカ人が支配する学術誌に論文を発表して生きているわけだが、新古典派経済学がいうような自由な競争市場の資源配分機能をそれほど信仰しているわけではない。自由貿易の守護神のように思われているアメリカは、自国の木材業者がカナダからの輸入木材に押されて苦吟しているというと、すぐカナダ産の木材に懲罰的輸入制限あるいは関税を課して平然としている。そういう国である。レッセ・フェールの制度は、要するに、強い者を益するためにあり、強い者がうまくやっている間だけ維持される。弱い者はせいぜいそれを臨機応変に使って生き延びるしかない。何しろ、カナダは、「毛皮と木材と関税でできている」といわれるくらい、建国以来ずっと保護関税を盾にして、自国を守り抜いてきた国である。アメリカと同じことをやってもうまくいくはずがないし、何としてもアメリカ社会の嫌な部分からカナダを守らなければならないと思っている。たとえば、カナダの医療制度は国民皆保険を原則とし、世界でも有名な成功例であって、オバマ大統領が2012年の再選以降導入を意図している社会保険制度は、カナダをモデルにしたもののようである。ジニ係数で見る所得あるいは資産分配の不平等度も「勝者独り占め」社会のアメリカは先進諸国中ダントツだが、カナダはかなりましである。これらの違いは、カナダ人の意識的努力の結晶だといってよい。世界における経済学は、リーダーであるアメリカが信奉し伝道する普遍的経済学＝新古典派経済学を中心に、他の諸国が、お国事情に合わせて工夫したヴァリエーションズで構成されている。カナダの場合は、アメリカの隣国としてアメリカの影響を最も大きく受けるわけで、その分だけアメリカと同一視される傾向があるが、カナダ人には、世界のリーダーになろうなどという野心は皆無で、強いて言えば、カナダ人の望みは、「世界一の二等国」になることだといってもよい。カナダ人の経済学は、しっかりカナダという土地に根を張って発展してきた。カナダ人の経済学における貢献として最も世界に知られているのは、経済史家のハロルド・インニスが１９３０年代に発表したStaples Thesis（カナダの広大なフロンティアの存在を前提とした、農業主導型の経済発展理論）とロバート・マンデルが１９６０年代に発表した最適通貨圏理論（ユーロ通貨圏形成の理論的根拠を築いた。１９９９年ノーベル経済学賞受賞）であろう。カナダ人の経済学的貢献が国際経済学の分野にとくに顕著であるのも、国情の反映といえる。

私がアメリカでなくカナダに永住したことは、私の経済学とは何かという若いときからの疑問をさらに増幅させた。一言でいえば、正しい普遍的経済学がただ一つ存在するというような、自然科学的信念が揺らぎ、むしろ、カナダにはカナダ経済学、日本には日本経済学、……、という風に世界には多くの国民経済学があって、それらの集合体として、経済学というディシプリンがあるという考え方に傾いていった。それとともに、悩みも増えた。確固たる一般理論の存在を否定することが敗北主義のように思われたからである。反面、こういう方向に向かうことによって、人間学であるべき経済学は、初めて真理は一つという自然科学的信仰と制約から解き放たれ、真の学問的発展への途が開けるのだという希望のようなものも芽生えてきた。もっとも、こういう考えが芽生えてきたのは比較的新しく、せいぜい20年前くらいからである。それまでは、ともかく新古典派経済学を極めるための努力を続けた。古典物理学を模倣したその理論体系は理路整然として美しい。こんな美しい体系が間違っているとは思えない。事実、批判者は多いけれど、それにとって代わる理論は一向に現れないではないか。日々の教育研究の用具として長年慣れ親しんだ気安さと大多数の同業者が使用しているという安心感が新古典派経済学の1世紀を超える王座を支えてきたように思われる。しかも、近年の急速なグローバル化は、人間の無国籍化・同質化を促進しているではないか。今こそ単一の、普遍的経済学の出番ではないか。経済学は、昔風の国民経済学に分化するのではなくて、むしろ、経済活動と経済組織の多国籍化・グローバル化を前提とした「世界経済学」の構築に邁進すべきではないか。地域的な金融ショックのグローバル経済への伝播・増幅をいかに抑え込むか、技術革新のグローバル経済への普及を促進する制度をいかに構築するか、第一世界と第三世界の格差をいかにして縮小していくか、というような諸問題を世界の経済学者が一致協力して考えるべきではないか。今こそ、世界経済の一般均衡理論が必要とされているのではないか、という気がする。

この議論に対しては、反論もいろいろある。そのひとつは、政治の扱い方である。政治は、伝統的に、純粋な国内的活動である。民主国家における選挙制度を見れば明らかなように、選挙権も被選挙権も自国民に限られ（ということは、海外からの競争圧力がない国内独占業種で）、選挙によって選ばれた政権は、自国の「国益」の保護増進を目的とする建前である。経済活動が主として国内的活動であった時代には、経済と政治の間に齟齬はなかった。政府は企業部門による経済活動を支援し、企業は国民の職と所得の大半を保証し、また、総税収の半分を超える法人税を負担して政府による公共サービス供給を支えた。しかし、近年、企業活動がグローバル化するにつれて、この伝統的社会契約は機能しなくなった。企業は国益に関心をもたなくなり、税負担の軽い国に容易に移動するようになった。中でも、もっとも政治力をもち、身動きが容易な銀行企業がこの動きの先頭に立っている。アメリカでは今、法人税の総税収に占める比率は2割にも満たず、なお低下中だといわれる。日本その他の国々でも似たような傾向がみられる。その結果が、世界規模での財政破綻である。政府も、課税権の国籍主義を導入するなど対策を講じ始めているが、後手に回っている。この問題を解くには、やはり国家単位での真摯な対話と協調が肝心である。もうひとつの大きな問題は、経済的格差問題である。経済理論が説く経済厚生の2大指標は、効率と公平であるが、グローバル化は効率化追求と同義である。というのも、効率は地理的拡大とともに強化されるが、公平（＝所得分配の平等）は地理的拡大とともに意味を失うからである。世界経済学では貧困問題は解けない。これは国民経済学の仕事である。一般に、経済活動がグローバル規模に成長したからといって、グローバル・レベルの機関による管理監督が必要あるいは有効だとはいえない。環境問題と同じで、問題が地球規模であっても、各地域住民（＝民族国家）による解決努力がまず必要である。逆の戦略が機能するとは考えられない。いうなれば、地球社会の管理運営にもっとも適した「連邦制」

を構築すること、これが政治経済学の喫緊の課題ではないかと思われる。近年の科学技術および企業経営技術の進化は実に急速で、経済学はここでも後手に回っている。たとえば、情報財の取り扱いについて、経済政策も法制度も、実態に追いついていない。4年前、アメリカ連邦政府の機密情報を大量に入手し公開したウィキリークスのアサンジを英雄視する新聞論説を読んだ記憶があるが、彼が窃盗罪（あるいは贓物故買罪）を犯したことは明白であって、彼が洩らした情報の内容が国民にとって有益であるかどうかで彼の功罪を決めるべきではない。情報財は奇妙な財で、手持ちの情報を盗まれても、持ち主の情報量が減るわけではない。しかし、だからといって、他人の情報を盗んでいいということにはならない。上記の新聞論説にアサンジの行為が犯罪行為だという認識が全く欠けていたのに私は呆れた。日進月歩の科学情報技術にキャッチアップすることも、経済学にとって急を要する課題である。

少々まとまりの欠けた議論を続けてきたが、経済学とは何か、経済学はどこへいくのか、経済学をもっと役に立つ学問にするにはどうすればよいか、等々、私が若いころから持ち続けている疑問は、未だに健在である。一昨年後期高齢者の仲間入りを果たした身で、半世紀以上抱えている問題がなお解決に向かって収束しないのは、残念といえば残念だが、お蔭でこの年になっても退屈しないという恩恵もある。本書の目的は、平均的経済学者である私自身が学生・教師として体験した東西の経済学教育の上に立って、日本の大学における経済学教育はどこがいけないのか、どこをどうすべきなのか、いかなる改革が必要か、私が推薦する改革は経済的、技術的に可能なのか、をご説明し、できれば読者の方々のご賛同を勝ち取ることである。結論をいえば、その改革は追加的金銭支出なしに、現存教員集団のままで、10年もあれば、充分達成できると私は確信している。必要なのは、教員集団の意識改革である。

1—6　補論：諸国民の知的スタイルについて

本節のタイトルは、ヨハン・ガルトゥング（1930—）というノルウェー人で歴史、哲学、文明評論等々何でもこなす碩学がもう30年ほど前、Daedalusという学術誌に載せた論文のタイトルである。ガルトゥング氏は、日本でもいくつかの大学で講義したようであるから、彼の名を知る日本人はかなりいるはずである。論文の核心は、タイトルが示すとおり、世界中の民族がそれぞれ固有の「知的スタイル」をもっているという点にある。この論文において、氏は、諸国民を４つの集団に分類する。いわく、Saxonic（英米）、Teutonic（ドイツ）、Gaullic（フランス）、そして最後にNipponic（日本）がくる。さて、これら４つの学者集団を前に、外来のゲストがセミナーをやり、ある命題を提示したとする。そのとき、フロアから出される典型的な質問は、いかなるものであろうか。

ガルトゥング氏によると、英米人集団からは、「その命題の正しさをデータで支持できますか」という質問が出るという。実証主義者の英米人ならではの反応である。次に、ドイツ人集団からは、「その命題を第一原理から導くことができますか」が問われるという。公理主義者のドイツ人気風をよく表している。フランス人集団の典型的質問は、「その命題をフランス語で言えますか」だという。いかにも文化的排他主義者であるフランス人らしい反応である。最後に日本人集団から出るのは、「あなたはどなたのお弟子さんですか」という質問だという。私は、とくにこの日本人集団の反応描写の巧みさに感心している。というのも、私自身、現役時代、こちらでも、日本でも、新しい知己となった日本人学者から、これに該当する質問を数えきれないほど受けたからである。こういう日本人気質をどう呼ぶべきか。党派主義者、権威主義者、相対主義者等々、いろいろ候補はあるが、決めるのは難しい。ただ明らかなのは、日本人が唯一無二の普遍理論を信奉あるいは創造するタイプの人間ではないことだろう（もっとも、多くの日本人がマルクス主義の熱狂的信者になったのをどう説明すべきか、私にはよくわからない）。以下では、便宜上、日本人を「相対主義者」と呼ぶことにする。

「あなたはどなたのお弟子さんですか」という質問の含意は深くかつ広い。第1は、学問に対する基本的態度の問題である。それは、ある特定のエライ学者を選んで師と仰ぎ、学識は言うに及ばず、師から全人格的な薫陶を受けるという内容の生涯契約を意味する。これは日本に限ったことではない。出版技術が未発達で情報の伝播が困難だった時代には、これが学問を志す者にとって唯一の選択肢であったであろう。アジアの儒教国の場合、この伝統が他所に比べ長く維持されているようである。日本人学者の場合にも、私の1世代前の方々までは、この伝統が広く守られていたような気がする。今でも、アジアからやってくる多くの留学生が、開口一番、何を学びたいかではなくて、北米の有名学者の名をあげ、この先生の下で学びたいという。第2は、経済学のような人間科学においては、複数の見方、複数の解釈が共存するという事実を是認する態度を意味する。師の選択は、共存する複数の解釈のうちから、自分の好みに従って行われる。日本人が、自分と異なる意見の人々と、違いを容認したうえで、仲良く付き合えるのも、根底に、上記のような「曖昧さ」があるからではないかと思われる。日本人が、議論を喧嘩の一部と考え、それを避ける風習をもつのも、このせいである。第3は、こういう師弟関係の党派主義的性格である。ちょっと大袈裟にいえば、日本の学界は、大小さまざまな党派集団から成っている。師弟間には、さまざまなギブ・アンド・テークが行われる。師は弟子を世の荒波から守り、機会あるごとに引き上げてやる。弟子は師の名を外に広め、また、師の雑用を果たす。とりわけ大事なのは、師の老年を看取ることである。うまくいけば、こんな見事な社会保障制度はない。

この世代間契約には長所も多いが、短所もいろいろある。短所の第1は、弟子の学識が偏ることである。いかに有能な師といえども、その学識は偏っている。すべての分野において卓越することなどありえない。師の作品にも傑作と駄作がある。そのうえに、師の「好み」が弟子に押し付けられ、弟子の学問的態度を大きく左右する。これでは自由闊達な学問はできない。とりわけ、師の学説に叛旗を翻すことは難しい。短所の第2は、弟子の独立心の形成を阻害する危険である。大親分の傘下にいれば、居心地はいいし、さまざまな保証・役得がある。この点で、学者は政治家と変わらない。しかし、そのような安心感は、ともすれば、弟子の学者としての成長発展の妨げになる可能性が高い。短所の第3は、この制度に汎用性がないことである。日本およびアジアの儒教文化圏を除き、こういう師弟関係はないし、求めても得られないし、それを理解してくれる人もいない。たとえば、アメリカの大学院に入った場合、通常2年間のコースワークの過程では、院生が特定の教授に配属することはなく、従って「師」は存在しない。教授と院生の間に関係ができるのは、博士論文のテーマが決まって、特定の指導教授との間の契約が成立してからである。院生を卒業して教職に就いてからでも、先輩学者との師弟関係は不可能ではないが、モビリティーの高い北米社会では現実性がない。北米の学者に、そういう師弟契約の話をしたら、驚いて目を回すだろう。北米の人間関係はドライで機能的である。博士論文を書くなら、そのプロジェクトについての指導契約、共同論文を書くなら、その間だけの協働契約、という風に時々のニーズに応じて作る一時的関係なのである。近年の人間関係の希薄化から推して、日本的な師弟関係は間もなく過去のものとなるであろう。相対主義者の短所の最大なるものは、経済理論自体を信じきることができないことである。立派な理論と出会っても、何か別な見方があるのではないかという懐疑心が先に立って、その信者になることができない。信じきれないからその発展応用にそそぐ情熱が湧きにくく、研究意欲も今一つという状態に終始しがちである。ノーベル経済学賞が創設されてから間もなく半世紀が経つが、この間日本人の受賞がないのも、能力の不足というより、信念の不足のせいだという気がしてならない。

経済学に限らず、こういう相対主義者が学問をする場合は悩みが多い。自分の好みでさっと一つの学説を選ぶというふうにいかないからだ。そこで、いろいろ哲学や方法論に沈潜して正解を得ようとするが、うまくいかない。時間だけが無為に過ぎていく。本書のテーマである大学教育に関していえば、経済学を学ぶ順序が非常に大事である。師のいない環境で、ともすれば脱線しがちな学生をいかに効率よく学問の最先端に導くことができるか、その理想的学習順序とはどういうものか、これを私なりに解明することが本書の中心的課題である。学習の順序とともに、あるいはそれ以上に重要なのは、冒頭に掲げた実学か、一般教養かの選択である。私の経験的印象では、日本の経済学教育は優れて一般教養的であった。スミスはいう、マルクスによれば、ケインズの主張では、……という風な講義、会話が支配的であった。今は違うという人がおられるであろうが、私の8年余の体験では、日本経済学会の総会においても、「日本経済はどうなる」というようなセッションは一つもなかった。日本経済が「失われた10年」といわれた長期停滞状態にあるにもかかわらず、である。アメリカやカナダの同様な学会では、自国経済の現状および見通しに関するセッションが花形で、メディアがどっと押し寄せる。そして夜のテレビ・ニュースに主要登場人物の姿が映し出され、レポーターが議論を要約する。もうひとつ、これも私の印象に強く残ったことだが、日本人学者が書いた教科書には通常演習問題がなく、あったとしても、記憶に残るような「いい問題」はなかった。学生は、ひたすら教師がいうことを受け身で学ぶだけで、今日学んだことを使って何か日常生活で体験した疑問を解くことはできないか、というような発想が教師にも学生にも欠けているのである。しかし、われわれの日常生活には、経済学的問題がごろごろしている。一例をあげよう。北米の大学では、授業料は、講義（正確には単位）一つに対していくらという、いわゆるユニット・プライシングが一般的であるが、対照的に、日本の大学は、年間授業料いくらという制度で、全学生から固定的金額を前払いさせる。両者の違いは講義登録の限界費用が正かゼロかである。限界費用がゼロである日本では、いったん固定総授業料を払ってしまうと、学生は、規定による年間取得単位数の上限まで自由に登録できるし、事実そうする。かくして、ブッフェ・スタイルの大学教育が定着する。このような日本の制度は、学生の勉学意欲、講義選択意欲を著しく低下させている。結果的に同額の年間授業料を払うとしても、ユニット・プライシングの場合の登録単位数が減少し、各登録科目への努力投入量が向上する、ということを、ごく簡単な仮定の下で、示すことができる。日本の大学で当惑したことのひとつが、初日にわっと押しかけるウィンドウ・ショッパーたちだった。大多数は、教師の顔を見に来て、いい先生、すなわちやさしい先生か、悪い先生、すなわち厳格な先生かを見定めるために1回だけ顔をみせるのである。用意した配布資料はたちまちなくなるし、大部分の学生は2回目にはもう来ないし、僅か13回くらいの講義しかできない貴重な講義時間は1回失われるし、いいことはひとつもない。ユニット・プライシングなら、講義に登録するときの限界費用は正であり、払い込んだ授業料を取り戻すのは容易ではないし、そもそも、そういうルールだと学生が理解しているから、こういう混乱はほとんど起きない。経済学を使うとは、こういう卑近な日常的体験に即して経済学を理解し、あるいは応用することではなかろうか。今後は、大学の顧客である学生も、4年で終えようとする者、6年かけて終えようとする者等々、多様化することでもあり、日本の大学ももっと柔軟性のある授業料支払制度を導入してほしいものだ。

第2部　北米の経済学教育

2—1　大衆化時代の大学教育

第二次世界大戦は、アメリカとカナダにとって、初めての総力戦だった。両国は第一次世界大戦にも参戦したが、所詮それはヨーロッパに限定された戦争で、いうなれば対岸の火事だった。人的被害は些少で、輸出ブームによる稼ぎは大きかった。ところが、第二次大戦では、両国は当事者として戦うことになった。アメリカが第一次大戦の結果、疲弊した英国に代わって世界一の経済大国となり、否応なしに世界の世話役になったからである。カナダも英連邦の一員として応分の働きをせざるを得なかった。豊かなアメリカといえども、この戦争は大きな試練で、これを乗り切るためには、もろもろの奢侈禁止令や広範な配給制度はもとより、従来の社会政策に重大な変更を迫られた。そのひとつが、黒人や日系人を含む多数の被差別民族集団の協力を国策として取り付けることだった。そのためにはお土産が要る。アメリカ政府が出したお土産の一つが、もし戦争から生きて帰ってきたら、大学教育を無償で提供するという約束だった。1944年の通称 GI Bill がこれである。この法律は、生きて帰還した兵士たちに、3年間の高等教育を受けるに必要な全費用の支払いを約束するもので、1500万人の帰還兵士のうちの440万人が恩恵を受けたといわれる。戦争直後の大学生総数は、短大を含めても

1000万人超くらいだったと思われるから、440万という数字は大変大きなショックだったに違いない。しかも、その大多数は、自力では高等教育を受けえなかった人々（貧困層および被差別階級）だった。事実、アメリカの大学数（短大を含む）は1950年の1851校から1990年の3535校へと倍増した。余談になるが、私がアメリカ各地を初めて旅行してまわった1963年にはまだ、バス・ターミナルでもらうホテルのリストは、「白人オンリー」、「白人および有色人」、「有色人オンリー」と区分されていて、値段にも大きな格差があった。私が白人オンリーのホテルに電話で部屋はあるかと訊くと、あるという。ところが、名前を口にした途端、いや今は部屋が全部塞がっているとあわてて言う。そういう経験を何回かした。南部の街では、バスのような公共の乗物でも、白人が前から乗り、黒人は後ろのドアから乗るというルールが厳格に守られていた。勝つためとはいえ、第二次世界大戦中の政策転換は、アメリカという差別社会に風穴を開け、民主化を一段階向上させた。とはいうものの、人種差別は根が深い。戦後十数年が経っても、こういう風に日常生活のあらゆる面で公然と差別が行われていたのである。しかし、戦後アメリカの楽観ムードも幸いして大学進学率（とりわけ女性の）は急騰し、それに合わせて大学の収容能力も上述したように急増した。戦後20—30年間のアメリカの高等教育は正に黄金時代を体験したのである。私は当時の「古き良きアメリカ」を懐かしく思い出す。アメリカ人のプライドと寛容を示すエピソードとして、ある日、デトロイトの下町のガード下で、一人の旅行者が数人の不良集団に身ぐるみ剥がされたが、ポケットから出て来たパスポートがソ連のものであることを知った連中は、即座に奪った金品を返し、非礼を詫びて立ち去ったという話が広く伝わっていた。かく申す私もスーツケース１個に全財産を詰め、朝バスに乗って夕方降りて、ホテルを探し、そこで泊まるという呑気な旅行を１か月やり、時には間違ってスラムの真ん中で降ろされ、たちまち黒人数人に囲まれたこともあったが、彼らは親切に私のいうホテルへの行き方を教えてくれた。私自身、貧しいアジアの国からきた貧乏学生を収奪しようとするアメリカ人がいるなどとは全く思わなかった。このように国民の士気が高いと、教育もうまくいく。教師と学生の眼が輝いて、活発な議論が行き交う大学の風景を私は今もはっきり思い出すことができる。もっとも、この古き良きアメリカは、１９６３年秋のケネディ大統領の暗殺をもって、微妙にではあるが、終わりを告げたような気がする。

本題に戻ろう。大衆化された大学教育は、斬新な制度と方法を必要とした。それは、一言でいえば、昔風の閉鎖的高踏的エリート主義から開放的民主主義への変身であった。大学進学率が５％とか10％の時代における大学教育は、教師も学生もエリートだった。お互いに対する信頼関係というか紳士協定が存在し、両者の関係もパーソナルで、かなり日本の師弟間で用いられたものに似た教育メソッドが世界中で行われていたに違いない。しかし、このような教育技術では「大量生産」は不可能である。教育は客観化され、標準化され、学位は市場化されなければならない。そして、教育は民主化され、国民全員にアクセス可能でなければならない。このような原理的・抜本的改革は、トップダウンで行うしかない。教育が州政府の管轄であるアメリカ（およびカナダ）で、よくできたと感心する。私が体験した1960年代のアメリカの大学教育は、完全に新体制に切り替えられていた。わずか十数年の偉業である。戦後日本も、アメリカに倣った新教育制度（いわゆる六三三四制）を採用したが、形だけの模倣に終わった。文部省は、来るべき大学の大衆化時代を予知し、指導性を発揮することもなかった。

改革の中心は、カリキュラムの全国的体系化と標準化である。まず1年生は100番台で始まる番号の基礎的科目を履修するが、これらの科目の名称・内容が驚くほど統一されている。いくつかの科目は「必修」で、これらをパスしないと、2年生に上がれない（つまり、200番台の科目が採れない）という不具合が生じる。そうなると、留年も必要となる。3年生にあがるときに学部を選択するが、2年間で履修した科目の成績（GPA＝「1」から「4」までの4段階評価の平均点）が重要な役割を果たす。特に、志望学部の人気が高いときは、激しい競争が起きて、第2志望、第3志望の学部に回されることもよくある。北米では、大学に入ったからといって、卒業できる保証はない。3年生になって所属学部が決定したあとも、競争は続く。GPAが3以上の学生は、いわゆるDean's Listに名が登録され、その事実は履歴書に記載される。もちろん途中で怠けると、リストから外される。このリストにあるかないかで、就職や大学院への進学には大きな差が出る。私が見聞した例では、同級生２人が同じ有名企業に就職したが、リストに入っていた学生が、入社早々、リストにいなかったもう一人の学生のボスになったことがあった。アメリカは妙な社会で、学業成績がいいと、自動車の保険料も安くなる。私もその恩恵を受けたことがあるが、なぜこんな差別をするのかと保険セールスマンに訊いたら、Good students are careful drivers と当然のような顔でいった。いうなれば、アメリカは「信賞必罰」を地でいく社会なのである。だから、アメリカ人は、学生に限らず、それぞれの持ち場で、ベストを尽くす誘因をもっている。日本の大学教育は、対照的に、「不賞不罰」で、誘因構造としては、最低である。教室で見る大学生の目がトロンとしているのも無理はない。

さて、3年生になると、学部が決まって専門的内容が濃くなり、学生は、必修科目はもとより、自分の好みの分野に学習の重点を置き、卒論の準備にかかるわけであるが、後期（3、4年生）にも必修科目があるし、セミナー形式の授業も加わってくる。近年経済学学士の要件として確立されたのは、計量経済学である。卒論では、大多数の学生が、自分で見つけた実世界の興味ある事象を実証的に仮説検定するプロジェクトを選ぶ。学部学生が純理論的な卒論を書くことは稀であるから、事実上すべての学生が実証研究を体験する。

ここで、カリキュラムの体系化・標準化について、もう少し詳しく見てみよう。まず体系化とは、カリキュラムに縦横のストラクチャーを付与することである。縦のストラクチャーとは、初歩的な科目Aを履修したら、次の科目Bに進め、これを履修し、なおもっとその分野を学びたい学生には科目Cを準備するというように、深い学習を可能にする仕組みである。その際、Bを採るにはAをパスしていること、Cを採るにはBをパスしていることが必要である。横のストラクチャーとは、学習の幅を広くする仕組みで、およそ経済学士なら知っておいてほしい学識の習得を保証するためのものである。後者は主として必修科目の制定によって実行に移される。体系化は、学部のカリキュラムだけでなく、大学院でも実行されている。先述したように、大学院は2年間のコースワークが原則で、科目の選択は、数個の必修科目の存在と履修順序、それに学識の幅を広げるルール等で、かなり制限される。時折、日本や他のアジア諸国からの院生で、自分は環境経済学を勉強しにやってきたなどと自己主張するのがいるが、これは、北米の教育哲学に反する的外れの抗弁である。将来何を専門にしようと、少なくとも院生時点においては、経済学全般に可能な限り精通すること、これが、北米の教育方針である。日本の大学では、入学願書に希望する指導教師の名を書かせ、入学と同時に指導教師が学生を抱え込む慣行があるが、これでは体系的学識は身につかない。院生間の競争も生まれない。しかも、抱え込んでおいて放置する指導教師が多いというから、学生はたまったものではない。

カリキュラムの標準化とは、科目の名称、内容はもとより、オファーされる科目のリストまでを、全国の大学で統一し、その結果、取得単位の他大学への移転や学生が働きながら自分のペースで（たとえば4年でなく6年であるいは複数の大学で）学部教育を修了することを可能にする仕組みである。高校生を取り込むことには異常な熱意を示すが、取り込んでしまえばこっちのもの、と面倒見の悪い日本の大学教育は、大いに改善されなければならない。そもそも、日本の大学では、カリキュラムを大学が所有管理するのではなくて、教員集団に丸投げしている。私も驚愕したが、到着早々、先生、何か教えてください、といわれ、一瞬呆然とした。北米の大学では、特定の科目を教えることを頼まれるのが普通だからである（もちろん、こちらでも、とくに大学院レベルでは、客員教授の得意分野の「特殊講義」というものがあるが、これは、かなりの大家の場合に限られる）。つまり、日本の大学は、カリキュラムについて一切の権限を（そして責任も）もたないのである。それでも、教授会あたりで真剣に討議してカリキュラムを決するのならいいが、日本の場合は、教員各自が好きなことを好きな名称で教える。そして同僚は一切口を挟まない。それが自分にとっても一番楽だからである。その結果、全く体系化されず、重複も多く、いうなれば、デパート地下のバーゲン売り場のように、数だけはめちゃくちゃに多い科目の山がどさっとテーブルに投げ出される。私が数年お世話になった流通科学大学（神戸市）では、学生総数４０００人に対して、語学科目も含めてではあるが、９００を超える科目がオファーされていた。しかも、こちらの大学のように、縦のストラクチャーがないから、どの科目にも全くの初心者がいて、内容の向上・深化が不可能な仕組みになっている。そのうえ、日本の大学、とくに私学は、学生を落第させることを非常に嫌がる。結果は頭を使わないで済むやさしい科目のオン・パレードである。こんな科目を50—60採っても、専攻分野に関する体系的知識が身につく保証などない。しかし、流通科学大学が例外なのではない。有名無名の多くの大学でも事情は同じである。私は神戸大学で数百人が受講する「経済原論」なる科目を教えさせられたことがあるが、この科目は経済学士にとって「必修」科目であった。私は当然、北米のように、この科目をパスしなければ、上に進めないものと解釈していた。ところが、違うのである。日本の「必修」というのは、卒業するまでにパスすればいいということに過ぎない。神戸大学での最終年度に教えた学生の中には、すでに就職先も決まった4年生が2、3人いた。そんなこととはつゆ知らず、私が北米式に正直に採点したら、この4年生諸君が落第した。ところが、日本の大学の慣れ合い制度のせいか、落第した4年生諸君は、就職が決まった自分が落第するなど夢にも思っていないらしく、7月の点数発表後3か月を経ても、出頭してこない。秋深くなってやっと現れたときには、私には点数変更の自由がすでになかった。そもそも、こういう甘い解釈では、必修の意味が全くない。ついでにいえば、4年生にもなってまだ原論を終わっていないということは、過去に3回トライしていずれも失敗した

わけである。過去の失敗から学ぶことのない愚鈍な学生だったといわれても仕方がないと私は思う。

なぜ大学教育の大衆化・標準化への対策が一向に進んでいないのか。その理由は第1に文部科学省のリーダーシップの欠如にある。文部科学省の発想は、学部学生数に比べ院生数がアメリカでは15％であるのに日本では僅か5％だから院生の3倍増を目指す、アメリカには弁護士が100万人いるのに、日本には1万人余しかいない、だから法科大学院を急増設する、国際化時代だからと、「国際」という名の大学や学部、プログラムをやたらに造らせる、情報化時代だからと、「情報」という名の大学や学部、プログラムをやたらに造らせる、といった呑気な数合わせ・語呂合わせをして事済めりとする。そして肝心のことは何もやらない。これではどうしようもない。第2に、教師集団にも必要な認識が欠如している。日本の大学教師は、平均的にいって、教育を蔑視する。自分は研究者である、研究こそ自分の使命だという顔をしている。しかし、教育と研究とは車の両輪のようなもので、一方だけ優秀ということはまずない。教授会が、学生の教育改善のための討議・企画立案の場にならない限り、日本の大学教育の質は向上しない。同僚の先生方に、日本の大学教育の品質が諸外国に比べ落ちると私がいうと、侮辱されたと怒るか、学生の品質が悪いからと言い訳するか、どちらかである。いずれにせよ、反省し、改善しようという態度は見えない。

2―2　教科書教育の意義

カリキュラムの標準化に欠かせないのが教科書である。講義を担当する教員個人に任せっきりにすると、たとえシラバスだけは立派であっても、つい勝手に内容を取捨選択する。これでは資格の標準化・市場化が果たせない。先述したように、大学教育の本質は、効率的サーヴェイであって、このことは、学部の入門コースにも当てはまる。ミクロ、マクロのような基礎理論は言うに及ばず、金融論、財政学、国際経済学、環境経済学等々の応用科目においても、レベルの高低はあっても、いずれも、当該分野の発祥、発展経路、主要結果、未解決問題、将来の展望と、要領とバランスよく、学生に教えるのが教師の務めである。そして、その務めを全うさせてくれるのが、優れた教科書というわけである。教科書なるものが、戦後の大衆化とともに生まれたのも決して偶然ではない。経済学における教科書の嚆矢が戦後間もなく出版されたサミュエルソンの『経済学』であったことは先に述べたが、以後あらゆる分野に教科書が現れ、それとともに、市場競争と淘汰が起こり、各分野で優れた少数の教科書が全北米市場を寡占支配する状態が定着した。教科書といってバカにしてはいけない。長年にわたって市場のシェアを維持拡大するには、まず広く深い学殖、そして絶えざるアップデートと新しい学識を取

り入れた改良が必要である。とても片手間でやれる仕事ではない。サミュエルソンの『経済学』も、最初は薄く読みやすかったが、次第に新しい文献の成果を取り込んで、脚注が増え、ページ数も増え、初版の2倍の厚さになった。1990年代にマクロ教科書を書いて大ヒットを飛ばしたグレゴリー・マンキューは、これを書くために2年間論文が書けなかったという。いい教科書を書くというのは、これほどの大仕事なのである。大学教育は効率的サーヴェイであるという哲学に従うと、いい教科書を書くには、研究の最先端にいることが望ましい。そして、市場競争に勝ち残った教科書の著者は、この要件を満たしている。

少々余談になるが、戦前には経済学教科書が全然なかったかというと、そうともいえない。たとえば、ケンブリッジ大学のアルフレッド・マーシャル（1842―1924）が著した『経済学原理』（初版1890年、最終第8版1920年）は、マーシャル自身が、一般市民にもわかってもらいたいという希望をもって書いたといわれるが、数式や図表のような技術的表現を避け、脚注のような読者の注意を逸らす邪魔者も避けて、平明な文章で今日のミクロ経済学の基礎を築いた名著で、広く長く大西洋の両岸で教科書として愛用されたという。マーシャルは、経済動学を、超短期、短期、長期という風に、スナップ写真風に命名分類するなど、近似的接近法の名手で、この工夫により、読者の理解が格段に向上した。イエール大学のアーヴィング・フィッシャー（1867―1947）は数学の出身であったが、稀な文章力の持ち主で、

彼の主著『利子論』（1930年）は、その読みやすさのゆえに、院生が1回読んだだけで半分はわかるといわれた。この両書は、私も愛読したが、現在でも院生に広く読まれているという。いささか余談になるが、若いフィッシャーが経済学に入った20世紀初頭には、むき出しの労資対立が人々の思考を支配する傾向があった。とりわけ、不労所得である利子は違法にすべきという議論が勢力をもっていた。ある日フィッシャーが行きつけの床屋で散髪をしてもらっていると、親父がこの流行理論を滔々と弁じ始めた。黙って聞いていたフィッシャーは、いざ支払いとなったとき、料金だけの小切手に10年後の支払い期日を書き込んで親父に渡した。先生、困ります、これでは私は食べていけません、10年後の支払いなら、金額をずっと増やしてもらわないと、と親父は抗議した。フィッシャーは、ほら、それが利子というものなのだよと諭したという。フィッシャーはきっと講義も上手だったに違いない。誤解を避けるために一言付け足しておくが、両書とも、決して著者が程度を落として書いた「教科書」ではない。中身はれっきとしたモノグラフ＝論文集で、それも当代一流の学者の筆になる名著であるから、読者には、著者と1対1で対話ができるという特典が得られる。この意味で両書は理想的な教科書だといえるが、万事につけ機能的な現代の若者たちには、大学者の謦咳に触れても感動することはないだろうし、見かけの平明さゆえにやさしいと誤解されるだけかもしれない。

経済学における教科書の歴史は新しいが、数学や物理学等の自然科学分野では、昔から教科

書が存在したようだ。教科書なしの数学教育など私には想像もできない。物事を客観的、体系的に伝授するのに、教科書ほど有用なものはない。しかし、ある意味では、経済学のように雑駁な学問の場合にこそ、教科書の役割が一層重要になるともいえる。私が考える「いい教科書」には、いくつかの特徴がある。第1は、いい文章であること。戦中戦後シカゴ大学やミシガン大学で教鞭をとった数学者ポール・ハルモスの自伝によれば、彼は、新教員や院生の採用試験で、常に受験者の言語能力を最重視したという。いかに独創的・抽象的な数学問題でも、それを発想し、描写し、結果を人に伝達するのは言葉だ、言葉は単なるコミュニケーションの手段ではなく、思考の手段でもあるというのが彼の持論で、言語能力で学者としての「伸び代」を予測して大きく誤ったことはないという。たしかに、古典と呼ばれる名著はもとより、熾烈な競争を生き残った教科書の文章は概して平明で読みやすい。第2は、ヴィジョンが明確であること。序文や構成から、当該分野の鳥瞰図が読者によく見えることである。教科書の半ばに至ってもなお先が見えず、何をいおうとしているのかわからないようなものは、いい教科書とはいえない。なぜなら、各章で取り上げられるトピックが何でそこにあるのか、それが全体のうちでどういう意義があるのか、後続章にどう繋がるのか、が読者に見えないからである。私は、もう30年以上前に読んだ古典的数学教科書を思い出す。全体の構成の見事さもさることながら、各章の初めに、その章の問題がどういう事情の下で発見されたか、どういう方法

で解かれたか、なぜ別な方法で解かれなかったのか、なぜこの問題の解決が重要だったか等々が平明な言葉で語られ、最後に定理が登場して、その証明をもって終わるのだが、これだけうまく解説されると、素人でも講釈してみたい気分になる。第3は、章末に並べられている「演習問題」の品質である。品質は、それらがどれだけ章の内容に密着しているか、どれだけ章の内容の理解度をチェックしてくれるか、どれだけ学生にとって理解を深め、面白くかつチャレンジングであるか等々の基準で判定される。北米のように、少数の教科書が広く採用されている国では、あの教科書の何章の何番目の問題がいいとか、面白いとか、教員間で評判になることが多い。いい演習問題が創れるということは、いい学者の要件であるとさえいわれる。教科書を書くのもかなり勇気が要るわけである。演習問題といえば、私と同年輩の古い知己で、昔アメリカの有名大学の有名教授連が大学院の講義で使用した reading lists と出題した試験問題をかき集め、本として出版した男がいたが、かなりの商業的成功を収めたということだった。いい問題を創るということは、本当に難しいのである。

私が1990年代半ばから長期滞在した日本の大学で目についたことはいくつもあるが、その一つが、教科書市場が北米のように発達していないことだった。日本語で書かれた教科書に馴染みがない私は、いろいろ同僚に訊いてまわるのだが、すっきりとした情報や意見はなかなか出てこない。察するに、日本の大学教育は、大学進学率が50％に届くほど大衆化されている

のに、その趨勢に適合する教育技術が全然導入されていないのである。ミクロ、マクロといった学部の基礎科目については、かなり市場支配力をもつ教科書が2、3あるのだが、依然翻訳ものが多いし、翻訳ではないにしても、外国産教科書の丸写しのようなものもいくつか目についた。そして演習問題はといえば、全くないか、あっても面白いものがない。独創性のある、記憶に残るものは全く見られない。いくつかの教科書は、著者の名声からすれば、ずっといいものが書けるはずだと思うのだが、そうなっていない。つまり、真面目に書かれていない。たかが教科書という態度が見え見えするのである。しかし、学生を100人集めると、その中には教師自身より頭のいい学生が必ず一人はいると思わなければいけない。この学生をいかにして見つけるか。それはいい試験問題を出すか、オフィスで議論するかしかない。日本の大学では、教員が、採点の手間を省くために、中間試験なし、期末試験は機械採点が可能なマルチョイ式というのが広く行われているが、これでは学生の才能どころか名前さえも知ることもできない。教室のどこかにいる自分よりできる学生に、先生の講義は役に立った、先生の試験問題は面白かったといわれること以上の報酬は教師にはない。しかし、この報酬を受けるためには、教師も全力投球しなければならない。日本には、教育を研究の邪魔と公言する大学教師が多いが、大学教師は、第一義的には、教えるために大学に雇われている労働者だということを肝に銘じてもらいたいものだ。

2—3　カリキュラムの統一と単位互換性の確立

日本のように、各大学で、カリキュラムが教員集団によって私物化されている現状では、標記の目標は達成不可能である、しかし、大学産業をめぐる環境は、今や標記の要件を満たす以外に生き残る途はないという、切羽詰まった状態にある。日本の少子化は世界でも一番厳しい。他方、大学産業の収容能力はといえば、理解し難いことだが、依然増え続けている。たとえば、2000年以降で見ても、国立大学こそ13校減少したものの、公立は20校増、私立に至っては127校増（4年制大学のみ。いずれも2012年現在）となっている。田中真紀子氏でなくても、一言イチャモンをつけたくなる。それでなくても、私学の過半数は定員割れ状態が10年以上続いているのだから呆れる。こうなると、頼みは外国人留学生しかない。外国人留学生を取り込もうとするなら、それで充分というわけではないが、まず標記の目標を、しかも国際的視野をもって、達成しなければならない。大学教育もすでにグローバル化時代に入っているのである。外国人留学生の獲得競争も激化している。比較的おっとりしているカナダの大学でも、外国人大学生（院生を含む）が落とすカネは年間80億ドルに上るという。カナダ人学生の払う授業料が年間平均5700ドルであるのに対して、留学生のそれは19000ドルに上る。太平洋の玄関口であるブリティッシュ・コロンビア州には主としてアジアからの留学生が特別に多いが、中国、インドからの留学生が州内に落とすカネは年間30億ドルに達するという。私の母校ブリティッシュ・コロンビア大学経済学部は、２０１３年秋から、世界中の優秀な留学生を集め、訓練するエリート・プログラムを開始した。初年度の学生数は85人ということだが、授業料は２７０００ドルで、キャンパス内で一番美しい石造りの建物を、バンクーバー・スクール・オブ・エコノミックスという名で、占拠している。目標は世界一の経済学（学部）教育機関になることだという。日本の大学は、北米の大学に比べ、日本語というバリアーがある分だけ不利な立場に立たされている。また、カリキュラムなど大衆化時代の大学教育への適応が大幅に遅れていることも魅力を半減させている。でも頑張るしかない。もっと国際競争力を向上させなければ、留学生どころか、日本人高校生にまでそっぽを向かれる危険も現実化してきている。すでに、河合塾などが海外留学を目的とした英才教育を始めているというではないか。

私は北米の戦後の改革が、どういう議論を経て、誰がリーダーシップを握り、どういう手段で、どういう順序で、行われたのかを詳しくは知らない。戦後20年の時点では誰もそういう情報に関心をもっていないようであった。だから、以下は私の推測であるが、教育省をはじめ改革に携わる人々の最大の危惧は、広く門戸を開放し、進学率が急騰した大学が生み出す製品の品質低下だったに違いない。人口の各年齢層における知能指数が、平均値100、標準偏差15の正規分布に従っているとしよう。また、終戦直後の進学率が10％、現在の進学率が50％だとしよう。大学進学が知能の高い順に行われるとすると、進学率10％の場合の大学生は、知能指数119以上の集団ということになる。進学率50％ではどうなるか。この場合には、知能指数100以上の高校生が全員大学生になり、また、知能指数が100と115の間の集団が、大学生の3分の2を占めることになる。この集団は、進学率10％の時代には大学生でなかった集団である。北米の大学は、戦後いち早くこの大きな構造変化を予知し、それに対応する政策を採った。それは、一言でいえば、キャンパスの3分の2を占める新たな顧客集団に大学卒として社会が受け入れてくれるだけの教育と訓練を施す制度と技術の開発だった。その結果が、標記の改革だったのである。

北米の大学に来て一番目についたのが、大学が大学生を子ども扱いすることだった。お前らは何も知らない、だから我々が教えてやるのだという建前である。院生といえども、例外ではない。教師と学生の間には越えられない壁があって、学生もそれを従順に受け入れる。こういう相互理解がまず確立されなければ、改革はできない。教師は大きな権威と責任をもつ。学生は授業料に見合う教育サービスを教師に要求する権利をもち、大学は学生による教師の評価を義務付けている。準備不足の講義や休講など論外である。学部の授業は週3回の50分授業が普通である（大学院では80分週2回が多い）が、学生も皆勤で、授業中の質問やほとんど毎回出される宿題と格闘する。もちろん教科書も読み進む。中間テストも必ずある。2か月も経つと、教師も学生もクラスの中でスターは誰かなどよく知っていて、それが、教師にも学生にも、一層の努力投入誘因を与える。日本の教室のように、講義が始まってからのそりのそりと入ってくる学生や途中退出する無礼な学生などいないし、私語もなくて、教える方も気分がいい。そもそも、日本では、小中高も含めて、教師が上で生徒が下だという教育に必須の基本的関係が崩壊している。大学生がお客面をしている。これでは、実効ある教育などできっこない。

　北米の大学は、「大学出」の品質の維持管理に多大の工夫をしている。その第1が、母国語＝英語能力のチェックである。これは私が29年勤めたブリティッシュ・コロンビア大学の例であるが、まず応募してくる高校生には、応募資格として、州政府が定めた英語能力が Language Proficiency Index 5以上という客観的基準で規定されている。次に、この要件を満たした新入生についても、その志望学部に関わりなく、English Department の1年生科目5つ（各半年、週3時間）のうち2つを合格しなければならない。5つの科目は、ノンフィクション入門（現代の一般的著作の分析鑑賞）、文学入門（詩、小説、戯曲等の分析鑑賞）、論文の書き方指導、文芸評論、文学理論入門となっている。どの科目でも、学生はしばしばエッセイを提出させられる。最初の2年間でこの English Requirements を完了していない学生は、上記の

5科目以外のいかなる科目も受講することができない。つまり、上に進めないことになっている。また、自分が一度受講した必修英語科目については、たった一度の再受講が許されることになっている。これらの科目の合格率は経験的に60―70％だった。大学出であるからには、母国語の読み書きに支障があってはならないという大学の強い意志が窺われる。私が日本の大学で遭遇した、国債を「こくせき」、勘定を「かんてい」、信越を「のぶごえ」と読むような輩は大学生とはいえない。第2は、数学的能力の同様なチェックである。さすがに大学生全員に求めてはいないが、理系はもとより、経済学などの社会科学系の学部が、それぞれ最初の2年間にいくつかの基礎的科目の履修を学部進学への要件としている。経済学部の場合は、線形代数、微積分等が必修である。大学は、学生の履修プランについても、丁寧に指導する。入学と同時に、文科系（「系」は多数の学部を統括する組織）の学生アドヴァイザー数人が学生の科目選択、将来の学部選択等について、パーソナルに指導忠告する。また、各学部も、志望する2年生に対して、アドヴァイザーを常備し、学生の相談に乗る。学部変更はもとより、毎学期の科目登録に至るまで、学生はアドヴァイザーの承認を得ることになっている。理科系学部でも同様な学生指導が行われることはいうまでもない。ともかく、日本の大学のように、学生を放っぽり出すことはない。

学部に進むと指導はもっと密度が濃くなる。学部アドヴァイザーのほかに、卒論指導教員がアドヴァイザーとして加わる。経済学における個別分野の科目は３００－４００番台に並べられており、学生は自分の興味およびニーズに応じてそのいくつかを選択する。もちろん、アドヴァイザーの承認を得てのことである。学部に進む時点で、カナダでは、学生はもうひとつの選択を迫られる。それは、普通の学士号を目指すMajors Programmeと特別な学士号を目指すHonours Programmeの選択である。後者は、大学院への進学においても就職においても、前者とは区別され、特別に高い評価を受ける。それに見合うだけの好成績を最初の2年間で収めておくことが必要であり、いったん入った後も好成績を持続しなければ、Majors Programmeに戻される。Honours Programmeにはそのプログラムに所属する学生（例年1学年当たり20名前後）だけの科目がいくつかあって、その内容は密度が高く、あるいは期間が普通プログラムのそれより長い。また、この特別プログラムの学生に限り、希望があれば、大学院のいくつかの科目を受講することもできる。これらの科目および卒論指導を通じて教授陣との緊密な長期的関係を築くこともできる。ブリティッシュ・コロンビア大学のHonours Programmeの名声は世界に広まっていて、「この者が今年の特別クラスのナンバー・ワンです」と推薦状に書くだけで、世界中どこの大学院であっても奨学金付きで入学許可が下りるのが普通であった。

　Honours Programmeというのは、その綴りからも明らかなように、英国産であって、アメリカの大学にはあまり見られないようであるが、そこはアメリカ、独特の競争原理を制度構築に生かしている。カナダと一番違うところは、カナダが州立大学中心の少数平等主義（最近急増してきているが、せいぜい100校）の基礎の上に先述した特別クラス制などで競争原理を活用しているのに対して、アメリカは競争的個人主義を大学教育にもそのまま実践してきた。それは、大学間の格差を公然と認めることによってである。アメリカには4年制大学が2700校あって、平均学生数はカナダよりずっと小さいが、私学が主導権を握り、各自が全米一の地位を求めて教育研究の成果を競うという、新古典派経済学を地でいく熾烈な競争的環境を築き上げている。私が少々知識をもっているアイヴィー・リーグの各大学では、全米を1―2ダースあまりの地区に分けて、各地区に常駐の学生リクルート職員を置き、地区内の高校を常に巡回してどこの誰がスーパースターであるかを判定し、本部に報告する。もちろん高校生に対するアドヴァイスや大学の宣伝も怠らない。優秀な学生になると、多数の大学が、スポーツ選手並みの争奪戦を繰り広げる。ハーバード大学は、ずっと昔から各州から1人ずつの最優秀学生に対して、授業料全免で入学させている（私は、1963年の夏をハーバードの学生寮で過ごしたが、私より数歳年下の若者たちが、おれは○○州の一番だなどと嘯くのを耳にした）。北米には日本のように仰々しい入学試験制度はないが、市販の能力テストおよび大学間の競争と選抜がいわば適材適所の配分を保証する。このようにカネと労力をかけ、厳選した学生に対して、いい加減な授業などできないではないか。アメリカは俗に Publish or perish と呼ばれる教員間の論文書き競争の激しさで知られたところであるのに、アメリカの大学の先生方がなぜこうも教育熱心なのかと、院生時代私は不思議に感じていたが、大学の存続が卒業生の品質にかかっていることを大学自身がよく知っていて、従業員である教員集団に教育の重要性を周知徹底させているのだという結論に達した。日本の大学教師は恵まれ過ぎている。論文を書かなくてもクビになる心配はないし、多少昇進速度が影響を受けるといっても、私が観察したところでは40歳前後で大体全員が教授に昇進する。しかも、日本の大学教師の報酬は世界的に見ても一番高い方に属する。少なくとも、数年前まではそうだった。だから文字通り後顧の憂いなく教育に専念できるはずなのに、そうならなかった。大学が就業規則（カリキュラムの作成、勤務評定を含む）を従業員に丸投げするとこうなるのか。それにしても、教員集団のモラルとプライドはどこにいったのか。不思議といえば、こちらの方がもっと不思議である。

次に単位互換性の確立であるが、北米の制度は、戦後の大衆化とともに、大学生の知能だけでなく、生活体験、思想、経済状態等が多様化することを予想した。とくに働きながら学ぶ若者の急増を考慮に入れた。一つの大学に入ったからといってその大学を卒業するとは限らない。働き場所を移すと大学も変える必要が生じる。４年間できちんと済ませる学生が標準だとはいえなくなる。18歳で入って22歳で卒業するという伝統的パターンから外れる学生が増えるだろう。子連れ学生も増えるだろう。暇とカネのある年金生活者も若い時の夢を追って大学にやってくるかもしれない。こういう新しい時代に大学も適応しなければならない。カリキュラムの統一と単位互換性の確立は、新時代の大学教育の2つの柱だったのである。これとともに、授業料のユニット・プライシング制も導入された。授業料を年間いくらと画一的に徴収するのではなくて、登録単位数に応じた授業料を支払う制度である。こうすれば、学生は自分のペースで学習ができる。また、先述したように、この方が、学生に科目選択と学習をより真面目にする誘因を与えるという意味で、固定授業料制度より優れている。単位互換性は、大学教育の平等主義を国是とするカナダではさして問題にならないが、大学間の格差を公認・誇示するアメリカでは、やはり限界があるようだ。格が上の大学で取得した単位は容易に移転できるが、逆の場合は難しくなる。また、20単位を移転しようとしても10単位しか認められないというようなケースが多いようだ。でもこれは、転職したサラリーマンが旧職の勤続年数を新しい職場で査定されるのと似て、人間社会の一般的慣習だと思えばわからないこともない。北米では、同等ランクの何十かの大学がクラブ組織を作って社交および情報交換をする慣行があるが、同じクラブ内での単位移転は問題なしということなのであろう。最近の新聞記事（朝日、2013年8月5日）によると、日本でも、国立大学の9割、私立大学の7割が他大学と単位互換協定を結んでいるという。でも私はこれが何を意味するのかわからない。記事は、単位互換協定が内容のもっといい科目を創設する、あるいは学生の便宜を図るという意図から出たものではなくて、大学の経営技術上、各大学がコアから外れた科目を重複してオファーするよりも経費が安くなるという点を指摘していた。それに、互換協定を結んでいるといっても、対象科目がいくつあるのか、協定相手の大学数がいくつあるのかなどは、全くわからないから、単位の市場性を高めたわけでもなさそうだ。いずれにせよ、大学産業全体を通じての改革事項ではないようだ。

2―4　北米の大学には「休講」がない

昔日本の大学には、休講掲示板があって、朝大学に着くとまずこの掲示板を見て、講義があるかないかを調べたものだ。休講があると、鬼の首でも取ったような気がして、早速仲間を3人集め、最寄りの雀荘へしけこんだ。学生も不心得といえばそうだが、やはり不心得の張本人は休講する教員である。以来幾星霜、日本の大学には休講が依然として存在することを知った。教員と学生の間に指導―学習契約があるのだという意識が日本にはないらしい。ブラウン大学で院生をやっていたころ、数理経済学の講義で、教授が証明に行き詰まり、立往生をしたら、すぐさま学生の一人がチョークを黒板に投げつけ、われわれは1講義当たり100ドルだか払っているんだ、真面目にやれと罵声を浴びせたのを覚えている。教室の雰囲気が北米と日本では全く違うのである。

それはともかく、北米の大学には休講というものは事実上ない。こういうと、それがどうしたといわれそうだが、休講を無くするには、かなりの工夫と努力が必要なのである。担当教員が事故あるいは病気のため出講できなくなったとき、まず利用されるのが代替教員による穴埋めである。しかし、ごく短い通告で代理を務めるには、代替教員が科目に精通していなければならない。これを可能にするのが、チーム・ティーチングという北米では広く行われてきた慣行である。これは、同じような学問的嗜好をもち、同じような科目を担当する同僚が2人、3人でチームを作り、お互いの授業をカバーし合う契約である。こちらの教員は誰でも、学部前期レベルの基礎科目はもとより、学部3年生くらいまでの標準的科目の1つくらいなら、さして苦労なく教えることができる。教員の「専門」が何であれ、基礎科目を教える義務は定例的に全員に回ってくる。もうひとつ、重要なのが科目内容の客観化・統一化である。個々の教員が勝手に科目内容を決めているようなシステムではこうはいかない。それでも代替教員がいないこともある。学部でも300番台、400番台の科目では、おいそれと代替教員は見つからない。こういうときは、もし時間的余裕があれば、臨時の試験を行うか、誰か適当な同僚に、科目に関連のある臨時講義を依頼する。チーム・ティーチング制度が機能するためには、教員集団が大学に精勤していなければならない。日本のように、週1、2回用事のある日だけ教員が出勤してくる国では、これは不可能である。チーム・ティーチングには、ほかに大きなベネフィットがある。第1は、チーム内の他のメンバーが講義内容の監視役を務めることである。これにより、勝手な漫談はできなくなるし、科目内容の客観化が進む。第2は、教員同士がお互いをよく知り合い、このテーマをどう教えるか、どんな例題を作るか、というふうなレベルの議論から始まって、共同研究のアイディアに発展していく。つまり、教員集団の活性化が可能になるのである。チーム・ティーチング制度の本当の価値は、緊急時のピンチヒッター役よりも、教員間の知的協働精神の育成にあるのかもしれない。

余談になるが、私の失敗談をひとつご披露しよう。2004年の正月、私は流通科学大学の学長に就任した。1か月くらい固辞したのだが、候補者リストに私の名前を入れるだけだといわれOKしたら、リストには私しかいなかった。まんまと一杯喰わされたのだ。私は、上記のような理由から、私なりの「教育改革」を教員集団に提案した。休講をなくすこと、科目の名称・内容を客観化すること、学部別に縦横のストラクチャーのあるカリキュラムを作成・実践すること、そのためにまず教員各自がチーム結成作業に入ること、その前提として、正規の教員は週3日（できれば4日）大学に出勤すること、教授会（学部別）が学部内の作業を指導監督し、完成を期すこと、等々を提唱した。日本の大学の内情に詳しい方ならすぐおわかりになると思うが、結果は教員集団の組織的反抗で（教員集団が理事長に直談判に及んで、理事長がそれに乗っかった模様で）、私の完敗に終わった。何しろ、教員に非常勤講師は4つ以下にしてくださいとお願いするような大学だから、週3、4日出てこいといわれても困るわけだ。それに、何年も一緒にいても学問の話などやったことのない同僚とチームを組むのは気まずい。改革内容に原理的異論があるから反対というのではなくて、出勤日数とかチーム結成というそれ以前の段階で勝負は終わった。もちろん私自身敗北を予想しなかったわけではないが、もう少しは、教育改善という目標に対する教員支持があるのではないかと思っていた私が甘すぎた。こうして私の学長職（任期4年）は2年足らずで終了した。学長職に未練は全くなかったが、日本の大学教育が私の考えた方向に進んでいる気配が見えないのは残念である。抜本的な教育改革を実行するには、トップダウンしか方法がない。日本のように、大学がカリキュラムの設定、講義内容、学生評価等を教員集団に丸投げし、教員集団が自分の都合のいいように（つまり、労力最小化で）教育を実施し、そのうえ、何を思ってか、文部科学省が教育内容の規制緩和を進める現状では、日本の大学教育の国際競争力が向上する見込みは乏しい。とくに改革の遂行に邪魔立てするのが学部別に構成された教授会である。神戸大学、流通科学大学と2つの大学で教授会に8年余出席したが、教育あるいは研究向上のための議論など行われたためしがない。教授会が真剣になるのは教員の人事と福利厚生だけである。教授会のリーダーは学部長であるが、彼等には、自分が学長―副学長―学部長というライン部門の一員だという意識は全くない。学部長の管理職手当は大学から出ているけれど、彼らは学部教員集団の利益を守る、いうなれば労働組合の組合長であって、自分たちの自由・利益を侵害するような上からの圧力には、普段は顔も合わせない連中が一致団結して抵抗し、阻止しようとする。その旗振りが学部長なのである。

日本の大学教育が、私の考える改善の方向に向かっていないだけでなく、むしろ劣化しているのではないかという懸念を私は今でも拭い去ることができない。その例証の一つが、意味不明、理解不能な学士号名称の乱立である。２０１３年7月31日付読売新聞によると、日本の大学で授与される学士号の種類は７００に上るという。発端は、大学設置基準を定めてきた文部省令が１９９1年に自由化され、以前は30足らずだった学士号数が急膨張したというのである。７００の半数以上が、その大学だけにしかない学士号だという。日本の大学に多く見られる内容不明なあるいは笑止千万な科目名称が、今や学士号の名称に拡張されてきたわけである。「キャリアデザイン学」、「観光交流文化学」、「環境情報学」、「国際日本学」、「映像身体学」、「国際共生教育学」等々、噴飯物が目白押しであると同紙はいう。学生が専攻を訊かれても即答できないカリキュラムが多々あると聞くが無理もない。文部科学省、大学経営者、大学教員集団がぐるになって「大学教育ごっこ」を遊んでいるとしか思えない。もっときつい言い方をすれば、彼等が無知蒙昧な若者たちと学士号だけがほしい教育ママ族をいいように収奪しているわけだ。その社会的効果は、無力な老人層をターゲットにした振り込め詐欺と変わるところはないし、被害総額も振り込め詐欺よりずっと大きい。

話を本筋に戻そう。休講というと、まず教師がさぼるというサプライ・サイドが原因だと考えがちだが、そして確かにそうなのだが、日本の大学で休講が伝統的に多くまた長く持続するのには、需要サイドにも原因があると思われる。北米の大学では、教師が休講すると学生から文句が出るから休講はやりにくいが、日本の大学では、学生が歓声をあげる。カナダの大学から日本の大学へ移動して一番目立ったのが、講義をさぼる学生数の多さである。私も学生時代時折さぼったからわからないではないが、現代の学生のさぼり方は異常というほかはない。通常はがら空きの教室が、テストをやると発表すると、椅子が足りなくなるほど満員になる。多くの私学では、もし全員が出席したら、席が足りなくなるのが常態だという。これも大学側の教育に対する無関心、無責任の表れである。北米では、教室のキャパシティーに合わせて、登録学生数を制限するか、もうひとつクラスを作って学生の需要に合わせる。日本の大学生が講義をさぼる理由だが、講義自体が面白くないというだけではない。大学は入ることが目的であって、いったん入ってしまえば、勉学意欲は無に等しい顧客が過半数を占める。とくに、現代の大学キャンパス人口の3分の2を占める新しい顧客層（先述）にとっては、大学の講義・演習についていくのは楽ではないからさぼりたがる。大学生を雇う企業側も、伝統的に、大学名以上に応募学生に関心をもたない。そこで大学経営者、教師、学生、企業にとって最も楽な「均衡」が休講の多い、中身が薄い、採点がやさしい授業ということになるのではないかと思われる。しかも、新聞情報（たとえば、朝日新聞に連日掲載されている教育欄）によると、こういう風潮が二流、三流の大学だけにとどまらず、一流大学も同じだというから、悲しくなる。小中高のレベルでは存在しない休講が大学で爆発的に増えるのは、大学は勉強するところではないという社会的合意があるからだとしか思えない。高校卒業時点では、学識において他国をリードしているはずの日本が、大学の4年間で他国に追い越され水を開けられるのは実に悔しいことである。

2—5　経済学は使うためにある

ガルトゥング先生によれば、アングロサクソンは実証主義民族である。つまり、学問成果も事実に照らし検証をしてその価値を測る民族である。もう一歩進めて言えば、学問をその利用価値で評価する民族である。そして経済学は、自国経済が直面する問題を解くための学問なのである。先述したアダム・スミスによる経済学の定義を思い出していただきたい。北米はアングロサクソンが主導権をもってきた国である。だから、アメリカの経済学は、アメリカ経済の問題を追いかける。カナダの経済学も、この点については、アメリカ経済学と同じといってよい。

私がアメリカに居を移した1960年代は、パックス・アメリカーナの絶頂期ではあったが、全盛期は短かった。世界の覇者＝世界の世話役の「持ち出し」は在任20年にしてすでにアメリカ経済に構造的疲労をもたらしていた。1963年のケネディ大統領の暗殺事件と次第に泥沼化するベトナム戦争は古き良きアメリカの終焉を予告していた。1971年のニクソン・ショックは、アメリカ主催のブレトン・ウッズ体制の事実上の終わりを意味した。その原因が体制のドル本位制（ドル自体が金1オンス＝35ドルに固定され、他国通貨はドルに固定レートでリンクされる）を支えるために必要な金の枯渇だったことは明らかである。1973年のオイル・ショックは、戦後の繁栄を支えた安いエネルギーの消失を世界に認識させた。初期の希望に満ちた成長と発展の経済学は、2度のオイル・ショックに誘発されたインフレ、財政赤字と貿易収支赤字というい わゆる双子の赤字、産業空洞化と深刻化する失業、世界一の累積債務、大気汚染と環境破壊といった憂鬱な諸問題との格闘に取って代わられた。経済学を「陰鬱な科学」と命名したのはトーマス・カーライルだった（その理由は、食糧生産は等差級数的にしか増えないのに、人口は幾何級数的に増えるから、人類は未来永劫飢餓と貧困に苦しむ運命にあるというトーマス・マルサスの予言）が、私も衰え行くアメリカ経済を眺めて陰鬱な気分になることが多かった。対照的に、日本経済が、今にして思えば、束の間の世界一を謳歌したのが、せめてもの慰めだった。経済学を傍観者的・一般教養的に受け取る嗜好の日本人は、さほど現実世界の変転によって左右されないが、経済学は実学であるという信念のアメリカ人にとっては、目まぐるしく変わるアメリカ経済の諸問題と真剣に取り組むしかない。経済学におけるホット・トピックスは、まるで流行婦人服のように、来ては去っていった。研究費が研究分野や業績に関わりなく何十万円ずつ自動的に配られる日本の大学と違って、北米では、その程度の研究費でも、自分の研究がいかに当面の経済問題の解明・解決に役立つか（いわゆるrelevanceの要件）を謳いあげ、競争に勝たなければ手に入らない。研究費がもらえなければ、郵便代でさえ自分持ちになりかねない。ともかく、経済学者たる者は、流行に後れてはならないのである。研究だけではない。講義にも、時事問題の解説は避けて通れない。学術誌も流行に敏感で、流行はずれのトピックではなかなか載せてくれない。ここで威力を発揮するのが、学生時代に受けた体系的サーヴェイ教育である。問題が変われば手法も変わる。目まぐるしく変わる問題にくっついていくには、若い時に身につけた幅広い学識と学部レベルではあるが定例的にサーヴェイ科目を教えあるいは同僚との日常的議論を通じてアップデートしてきた知見のみが頼りになる。北米のノーベル賞学者連中の業績リストを見るとまず感心するのが、間口の広さである。

よくも一人の人間がこんなに多様な論文を書けたものだと呆れるくらいだ。これも彼らが変転極まりない現実世界の問題に適応し続けたことの証である。そういえば、こちらには、一つのことしかできない人間に対する蔑称として one-track man という表現がある。さしずめ、バカの一つ覚えといったところである。北米の学者とは対照的に、日本の大学で多く見かけた、現実世界から隔離された研究室にこもって、長年続けてきたテーマをひたすら追究するという戦略では、「つぶし」が利かず、間口も狭いから、速い環境変化にはついていけず、食べていけなくなる。アメリカ経済の衰退は内外の経済学者にも大きな試練となったのである。あまりの悲惨さに、競争的個人主義のご本家アメリカでも、もうこんな rat race は真っ平だといって戦闘放棄する学者も少なくなかった。私もこういう時代のムードに左右された時期があった。経済理論の発展方向、世界経済あるいは日本経済の損益などとは無縁のテーマを追って幸せそうな顔をしている日本人学者を眺めていると、学問とは本来そういうものではないのかという思いがするときもあった。しかし、競争的個人主義を国是とする北米社会では、そういう態度は負け犬根性とみなされる危険が高いから、踏み切ることは難しい。また、いったん競争から脱落すると、怠け者の自分などは底なしの泥沼にはまり込むのではないかという恐怖もあった。だから、こちらの大学にいる限り、頑張るほかはないというのが私の結論だった。私が還暦を機にブリティッシュ・コロンビア大学を退職し、日本に居を移したのは、私の個人的・非学問的理由であって、北米経済学に見切りをつけたからではない。強いて格好をつけるなら、学生時代から持ち続けてきた、経済学とは何かという問題を、経済学を始めた日本に戻ってじっくり考えてみたいと思ったからである。

それはともかく、ひとたび経済が落ち目になると、問題はいくらでも出てくるが、すっきりした解決策は見つからない。経済学は、カーライルが考えた以上の陰鬱な科学になってしまった感がある。学生の経済学に対する関心と人気が目に見えて落ちてきたのも、こういう背景があったからである。ちなみに、経済学に見切りをつけた学生が殺到したのは商学・経営学であった。こういう次第で、経済学教師としては、今は苦難の時であるが、「経済学は使うためにある」という信念は、北米では健在である。自国経済の苦難は別にしても、教室で教わった理論、モデル等を通じて日常生活に関わる現象を解明しようという熱意が経済学教育の根底にある。だから、授業においても、「同じ四辻に複数のガソリン・スタンドが競合するのをよく見かけるが、なぜか」（シカゴ大学発の古典的パズル）、「教育の初歩段階では、サービスの無料提供（＝バウチャー）が支配的であるが、高等教育には価格補助金が広く使用される。バウチャーと補助金はなぜこの順序でなければいけないのか。そもそも、なぜ教育産業は公的補助に値するのか」、「一部の高級レストランでテーブル・チャージ（席料）を課するところがある。席料を課すると、そうでない場合に比べて、顧客が安い料理を避けて高い料理を選ぶ傾向があるといわれるが、そのような行動は合理的行動といえるか」、「教師が何がしかの現金の入った財布をかざして競りにかけさせるとしよう。競りに参加する学生は好みの価格をビッドし、一番高い価格をビッドした学生が財布を競り落とすとする。この競りにおける均衡価格はいくらか」（スティグリッツのクイズ）、「将来の値上がりを予想して高値で買ったコンドが値下がりし、損失が生じた。損失の原因はコンドを売った不動産屋の不当な高値であるから、購入者は不動産屋に損失の補償を請求することができる。賛成？　反対？」、「被保険物件の市場価値を100％カバーする保険契約が、保険購入者の希望にもかかわらず、現実世界で見られないのはなぜか」等々、さまざまなクイズとそれらをめぐる議論が教室で行き交う。これが北米の教室における日常的風景である。こういう風にして、学問の使い方と反射神経の訓練を積むわけである。

クイズ問題に対する反射神経の不足とは別に、日本人の経済学理解に対して私が古くから疑問に思っていることがある。それは物事の因果関係に関する誤解である。経済統計にはしばしば2つの経済変量間の高い相関が認められる。2つの変量をA、Bとするとき、両者の因果関係としては、3つの可能性がある。AからB、BからA、どちらでもない（見かけだけの相関）の三者である。以下では見かけだけの相関を除外して議論する。古典的な例の第1は、「銀座のバーでビール1本1万円するのは、銀座の土地が高いからである」という私が若いころよく聞いた謬見である。ところが、これを聞いた日本人の大多数は、そうだ、そうだと相槌を打つ。とんでもない。本当の因果関係は、土地の値段からビールの値段へと行くのではなくて、ビールの値段から土地の価格へと働くのである。つまり、ビール1本1万円も払うバカな顧客がたくさんいるから銀座の土地の値段が高いのである。例2は「工業化こそ経済発展の原動力である」という、これも世界中に広まった謬見である。歴史上、大多数の経済発展政策が不成功に終わったのは、この謬見のせいである。この謬見に踊らされて、食うに事欠く貧困国が、農業部門の犠牲において、国内需要もない工業化をゴリ押しし、結果として、農業部門は疲弊し、工業部門の輸出競争力もないから、経済全滅という悲惨な状態に終わる。この場合も、因果関係の誤解が原因である。農業部門が国民全員を食わせるだけの能力を備えたら、自然に工業化の機運が高まる。つまり、工業化は経済発展の結果であって、原因ではないのである。ついでに、今流行の経済問題から例3として「政府債務の対GDP比率が高い経済は経済成長率が低い」、よって、まず政府債務を縮小させなければ高度成長は望めない、ゆえに緊縮政策を、という謬見をもう一つ。この場合も、本当の因果関係は低成長から高債務比率に進むべきである。古典的な貨幣数量と物価水準の相関も、因果関係は実は明白ではない。マネタリスツが主張するように、貨幣数量が始動因だと決まっているわけではない。ついでにいうと、変量Aが変量Bに時間的に先行したからといって、AをBの原因だとする論理も正しいとは言えない。

それはともかく、ご興味のある読者の方は、それぞれについて「証明」を試みられることをお勧めする。たとえば、銀座のビールの例について、中央区役所が固定資産税を突然大幅に引き上げたとする。そのときビールの値段に何が起こるか。果たしてビールの値段が増税分を吸収するように自然に上がるか。上がらないことは明らかである。あとの2例についても、寝転がって、似たような「証明」を考えてください。

日本の大学で気がついたことの一つは、学生が質問をしないことである。反射神経が鍛えられていないせいである。上述のように、学生が講義に関心をもっていないからだといえば、それまでだが、やはり、先生のいうことを従順に受動的に受け取るという、小中高を通じて身につけた日本人学生の幼稚な学習態度（これには、物事には正解が必ず一つだけあり、何が正解かはエライ人が決める、という受験勉強に培われた妄信も無視しえない）が影響しているように思われる。それともう一つ、経済学を実学としてではなく、一般教養として教え学ぶ日本流（いやアジア流）の教育が原因でもあるようだ。スミスはいう、ケインズによれば、といった講義では、質問の仕様がない。しかし、最近日本でも一部の教育学者が唱えているように、質問ができるというのは、それ自身能力なのである。質問をしようと思って講義をフォローするのと、漫然とノートを取るのとでは、脳の使用濃度が全然違う。そして、質問の源泉は、日常生活体験に基づく現象がもっとも自然であり、豊かでもある。教師はいい講義をすることで学生に記憶されるが、学生はいい質問をすることによって教師に記憶される。こういう学習環境を作るには、経済学を実学として、つまり、経済学の日常体験に即した使い方に重点をおいて教えることが望ましい。というのも、今大学キャンパスの過半数を占める顧客は、一般教養の習得それ自体を損得抜きで楽しむような高踏的精神構造を持ち合わせてはいないだろうからである。学問の実利に訴える、これも大衆化された大学教育の論理的帰結といってよい。それにつけても、私が見聞した日本の大学生の現実世界への無知無関心はたいへん気がかりである。流通科学大学における経済学入門コースの最初の講義で、親の年収はどれくらいか、大学卒の初任給はいくらくらいか、バイトで期待できる時給はいくらくらいか、を知っている者はと訊いたら、大きなクラスでたった1人手を挙げた。大学に4年間通うことの「費用」をどう計算するかを説明しようとしたら、自分の費用は親が全部払うからゼロであるという学生がいたのには絶句した。私は、こんな学生に経済学を教えることの意義がわからなくなった。

2―6　博士号は学問の先端を推し進めたことの証である

最近徐々に減ってきているということだが、日本の大学には、大学院に応募する内外の学生に希望指導教授の名を書かせ、入院試験の合否をその教授が決める風習が長く存在してきたと聞く。この風習の弊害についてはすでに少々述べたが、今ひとつ大きな弊害は、修士号と博士号の区別が曖昧模糊となる点である。私の知る限り、アメリカ以外の国々(カナダを含む)では、修士プログラムというものが、博士プログラムとは別個に存在している。日本ももちろんそうで、2つのプログラムには、目的、性格、内容等において、はっきりした違いがあるはずである。たとえば、カナダでは、修士プログラムは、第一義的には、公務員や会社員の専門職養成を目的としており、副次的には、博士号希望者の予備訓練の提供を目的としている。修士号は、所定の教科をよく学んだことの証明であるが、博士号は創造的業績の証明である。たとえ僅かでも、学界の共有財産としての知見に何かを加えたことに対する表彰である。修士プログラムを終え、さらに博士プログラムに進む学生は、こちらでは、2つの理念的に異なる訓練を受け、2つの異なる試験・評価を受ける。もちろん修士論文と博士論文とはまったくの別物である。

対照的に、入院時点から特定教授の「弟子」になる日本の院生の場合は、指導教授が要求するテーマについてまず2年をかけて修士論文を書く。これはオリジナリティーを期待されるものではなくて、学んだことをどれだけよく理解したかで評価される。修士論文は基本的に文献サーヴェイといってよい。この評価基準は修士論文に関する限り全く正しい。問題は、次の段階、すなわち、博士論文である。指導教授が自分で取り込んだ院生を落とすことはまずないから、修士論文は、もちろん書き直しは多いと思うが、最終的にはパスする。以後は同じ教授と同じ院生のチーム作業が続行することになるが、私が見聞したいくつかのケースに共通した特徴は、博士論文が本質的に修士論文を膨らませたものだという点である。私が依頼されて論文審査委員として読んだ2、3の博士論文の印象を率直に述べると、むやみに分量が多く、何がなされたのかわかりにくいものだった。まず、修士論文よりも大部で精緻な文献サーヴェイが延々と続くが、クライマックス部分が見当たらない。日本人の謙譲精神のゆえか、日本語の特殊構造のせいか、主語がない文章が多いから、誰の主張なのか判然としない。せっかちな私は、他人の説などどうでもいいから、君の新発見は何なの、と訊きたくなった。シカゴ大学は、伝統的に、博士論文の分量を20ページ以内と制限しているという専らの噂だったが、これは非常にいいアイディアである。こうすれば、学生も延々と続く審査員泣かせのサーヴェイなどやれないから、本論に入り、しかも簡潔に自分のプラス・アルファを売り込むしかない。20ページで自分のいいたいことがいえない輩は、博士号に値しないというわけだ。その根底には、博士論文というものは（審査員付き）学術誌に掲載される論文1本の中身があればよいという共通の理解がある。日本でもぜひ参考にしてほしいものである。

もう一つ関連する問題として気づいたことだが、日本の博士号を取得するには北米よりずっと長い年月が必要な気がする。これにはいろいろ理由があると思うが、大衆化された大学教育においては、博士号取得作業といえども、標準化されるべきではないか。博士論文というものは、その性質上、指導教授の判定が絶対である。指導教授が論文指導をおろそかにし、あるいは決断を渋ると、学生は泥沼に陥り、先の見えない苦労が続くことになる。しかも日本では、入院時から師弟契約が結ばれているから、学生から契約解消を要求するわけにいかない。こうして、無駄な時間が多く費やされているような気がする。博士論文の指導契約は、学生の論文テーマが決まった段階で締結されるべきであり、論文の完成とともに解消されるべきである。そして、契約実行中は、両者ともに論文の完成に最大の意を注ぐことが望ましい。この点で、私が見聞したアメリカの事例は何かの参考になるのではないかと思うので、ご存じの方も多いと思われるが、ご披露する。一つは、佐藤先生の師であったリチャード・マスグレーヴ教授（ジョンズ・ホプキンス大学、プリンストン大学等）の戦略だったというが、氏は、契約時から6か月間最初に学生が提案したテーマを研究させるが、もし6か月間で何も出てこなかったなら、そのテーマを捨てさせ、新しいテーマを探させるということだった。氏の考えでは、6か月やって何も出てこなかったテーマをさらに6か月追求して何かが出る条件付き確率はゼロに近いからだ。イエール大学のトービン教授は、契約時に、文献のサーヴェイを一切禁じ、自分のテーマを自分の言葉で書き上げて提出させるというルールを実行していたということだった。サーヴェイを禁じるのは、サーヴェイをやると膨大な時間がかかるし、何より自信がなくなるからである。その際、トービン教授は、君のテーマが博士論文たりうるかどうかは私が判断してあげる、と学生に告げる習わしであったという。いずれも北米では有名なエピソードで、私を含め多くの学者が採用してきた指導戦略である。厳しいようで、実は学生に温かい戦略だと思う。アメリカの大学では、先述したように、学部卒業生がいきなり博士課程に入り、2年間のコースワークを含めて3―5年で博士号を取得する。日本で多く見た博士課程の学生諸君が2年も3年もサーヴェイに明け暮れている姿は、気の毒というほかはなかった。日本の文科系の博士論文ももっと標準化できないものか。

それはさておき、私は、修士論文と博士論文とは、全く別物として、異なる教授の指導の下で、異なるテーマで書かれるべきものだと思う。同じ教授と数年付き合うと、どうしても、収穫逓減の法則が働くし、そうでなくても、刺激が減り、緊張感が減退する。また、本質的に一つの作品で2つの学位をもらうのは、学識の幅を広げるという教育目的に反するし、どこか不正な感じがする。博士号を希望する学生の場合には、修士論文を省略し、その代わりに質量ともにより充実したコースワークを何単位か義務付けることも一考に値する。いずれにせよ、修士課程と博士課程、修士論文と博士論文の違いを文部科学省が先頭に立って、明確にし、全国的な統一見解を確立することが強く望まれる。

北米の大学では、博士論文の試験は公開で、各大学が具体的にその内容を規定している。ブリティッシュ・コロンビア大学の場合は、テーマに造詣が深く実績がある他大学の教授を外部審査委員とすることを大学が要求しており、その外部委員には、内部の指導陣が合意した草稿を大学が本人に送付し、1か月以内に書面による評価書を大学あて（内部の指導委員あてではない。その際指導委員に評価書の内容を漏らすことのないよう念を押す）に提出するよう依頼する。もちろん何がしかの礼金が大学から出る。この外部審査委員の評価書は、大学が主催する最終試験の場で、大学院教育全体を統括する「大学院系」の担当教授が読み上げ、候補者および内部指導陣の意見・反論等を聴取したうえで、最終的合否が決められる。なお、この最終試験には、大学内部の、ただし他学部の教員による審査参加も義務付けられている。ブラウン大学の場合は、学内関連他学部の教授が外部評価委員の役を務めていた記憶がある。もっとも、こういうルールを創りさえすれば、博士論文の品質および試験の公明性が保証されるというわけではない。どうしても幾分かの馴れ合い要素が残ることは否定できない。ルールの実効を上げるかどうかはひとえに教員集団の努力と矜持にかかっている。

1997年神戸大学で職をいただいた私は、多分に好奇心から、2、3の博士論文最終試験に出てみた。試験は公開だと聞いていたし、アナウンスメントも張り出してあったから出席したわけだが、部屋に入ってみると、主査である教授と副査らしい若い教員2名と候補者である学生と、そして私だけだった。主査の先生は、私を見て苦い顔をした。門外漢が何を、という表情である。この表情は私が質問を発したとき一段と濃度を増した。この時、日本では、審査委員以外の教員は顔を出すべきではなく、いわんや質問を発するべきではないという不文律があることを私は悟った。日本の大学の教員集団に広く見られる相互不干渉の慣行である。私は、それでも、出席するたびに一つだけ質問をさせてもらった。論文の合否に関わるようなものではないが、自分で納得がいかない点について候補者に質問した。一つのケースでは、論文が政治学と経済学を統合することを目的とするというから、「経済活動が国際競争を旨としているのに対して、政治活動は伝統的に国内独占である。この2つの異質な活動を統合するとはいかに」と質した。意表を衝く質問だったようで、知的な答えは返ってこなかった。2つ目のケースでは、博士論文のタイトルが「○○研究序説」となっていたので、「序説というのは、当該分野の入口近くの土を少しばかりかき回した結果の報告である。一生で一番の高みにあるはずの博士論文にこういう言い訳がましいタイトルはどうか」と文句を言った。主査の先生から、歴史上著名な哲学書に「序説」というタイトルのものがあるとか何とか説明があったが、私は学生に質問しているわけだし、質問にどういう答え方をするかも試験のパフォーマンスの一部であるわけで、これも不満が残った。3つ目のケースは、上述したような修士論文的博士論文だったので、その不服を述べた。いずれの場合も、私のような門外漢の飛び入り質問は、日本社会の和を乱すものだとして歓迎されなかったようである。

2―7　先が見えない世界経済と経済学

戦後世界を支配したパックス・アメリカーナも近年衰微が著しい。アメリカほどの強大国にしては、全盛期が短かった。アメリカの前のパックス・ブリタニカに比べてもずっと短かった。パックス・ブリタニカの全盛期を70年（１８４４年の英蘭銀行を世界の中央銀行とする金本位制世界の確立から１９１４年の事実上の金本位制離脱まで）とすれば、パックス・アメリカーナの全盛期は25年（１９４６年ブレトン・ウッズ制度の創立から１９７1年の象徴的廃止まで）といってもよい。アメリカの後には、５年間のパックス・ジャポニカ（１９８５年のプラザ合意から１９９０年のバブル崩壊まで）が存在したという見方もできる。いずれの場合にも、その通貨価値を全盛期と交代期とで比べると、英ポンドが全盛期の1ポンド＝４・86ドルから２・49ドルへ、米ドルが全盛期の1ドル＝３６０円から１８０円へと半減した。その後もポンドは１・60ドルへ、ドルは１００円へとさらに減価した。民主主義・人権主義思想が普及した現代世界では、いかに強力な覇権国といえども、植民地からの「あがり」で覇者として栄耀栄華を尽くすことなど不可能であるからだ。覇権期間が短くなると、経済学も動揺する。先述したように、経済学は覇権国の問題を中心として、現体制の存続を前提とし、それを支持する方向で行われる営みである。安定した覇権の下では、現状肯定的・楽観的な経済学が支配し、学者も落ち着いて研究に従事することができるが、現代のように、パックス・アメリカーナの凋落が見えていながら、後継者が出てこない状態では、明確かつ建設的な研究アジェンダは生まれてこないのである。こんなことをいうと、読者の方々からは、リーダーがフォロワーより有利であることは自明ではないか、アメリカの後継者になりたい国は、いくらでもいるはずだという反論が出そうだが、実はそうではないのである。確かに、誰もリーダーに成り手がいない状態でリーダーになれば、若干の利得がある（たとえば、自国に都合のいいグローバルな経済政策を押し付けることができる）ことは否定できないが、それだけでリーダーになるべきだとはいえない。リーダーになるためには、もう一つの条件をクリアーしなければならない。それは、自分がリーダーであることが、誰か他の国をリーダーとする世界でフォロワーとして最善策を採った場合よりも大きな利得をもたらすという条件である。私の見るところ、現代世界ではこの条件は満たされそうもない。みんなが誰かリーダーになってくれないかなと思っている状態である。ということは、当分世界が安心して過ごせるような指導者は出てこないことを意味する。こういう環境の下で、経済学は模索状態というか、分裂状態にあるように思われる。グローバル化された世界を1個の一般均衡体系と捉えて環境問題をも含めた世界経済学を推進しようとする考えと、リーダー不在の世界では個々の国々が自国経済の問題の究明解決にいそしむほかなしという国民経済学優先の考えが拮抗しているように思われるのである。

現代の経済学を行き詰まらせているのは、実はそれだけではない。新古典派理論という主流経済学が長年なおざりにしてきたカネの問題が近年尖鋭化してきたのである。資本主義の仕組みが変わり、モノ中心の経済からカネ支配の経済へと変貌したにもかかわらず、経済学は依然としてモノ中心の思考から脱却できないでいる。そして、その間に、世界経済はカネ＝金融資本によって翻弄されているのが実情である。すでに述べたように、新古典派理論は古典力学を模倣して創られた経済理論で、当然モノ中心の思考が支配的だった。カネという人間が持ち込んだ奇妙な財は、この理論に入り込む余地がなかった。皮肉なことだが、資本主義経済の仕組みの解明と長期的運命の予測を主要テーマとした古典派経済学者の中で、カネを一番理解していたのはマルクスだったように思われる。彼は、資本家の目的がカネの速やかな増殖にあり、そのために介在するモノの生産ではないことを喝破した。よく知られたマルクスの、カネ→モノ→カネ→モノ→カネ→……という図式において、最初のカネは、貨幣形態の初期資本を指し、最初のモノはこの初期資本が投資されて生産されるモノを指し、これが換金されて実現した金額が次のカネである。このようにして、カネとモノとが交互に現れるこの時系列は無限に続く。新古典派理論は、この数列からモノだけの部分列を取り出し、その時系列の研究に専念する。その間、カネは、生産されたモノが交換を通じて生産者から消費者に移るときの媒体として認識されるが、交換の完了とともに姿を消してしまう。だから、新古典派理論にはカネは出てこない。これと対照的に、マルクスは、いうなれば、上記の数列から、カネの部分列を取り出し、その増殖速度の最大化こそが、資本家の活動目的だと主張したのである。資本家は人類の幸福を考えていいモノを創造するわけではない。その生産がカネの増殖速度を高めるから実行するに過ぎない。モノの生産に関わる技術革新、新機軸、創造的破壊などといわれる事象は、資本主義の下で主役を務める企業家のヴァイタリティとロマンの象徴となったが、そして彼らの業績は英雄豪傑の列伝としては大変興味深いが、資本主義経済を動かしているのは、こうしたモノの生産に心血を注ぐ企業家ではなくて、カネの亡者である資本家であるとマルクスは考えた。別な言い方をすれば、資本主義経済を支配するのは、産業資本ではなくて、金融資本だということである。自然を相手とするモノ作りには夢とロマンがあるが、他人のカネを左から右へ動かすだけの金融業には夢もロマンもない。あるのは冷徹な計算だけである。過去30年間に資本主義は産業資本の時代から金融資本の時代へ、すなわち、青春期から「老年期」に突入したと考えるのは私だけではないであろう。

資本主義の初期段階は、家族資本主義と呼ばれ、地方の素封家が親類縁者の貯金を資本としてモノ作りビジネスを立ち上げる、つまり、自分のカネでカネ儲けをする体制で、この段階におけるカネの働きは限られていた。銀行信用は、生産・仕入れと販売の時間的ズレをつなぐ商業信用が中心だった。家族ビジネスでは経営資源も限られており、成長意欲も限定されていたから、設備投資資金を外部から調達する必要もあまりなかった。それを大きく変えたのが、19世紀末から20世紀初頭にかけて出現する法人資本主義体制であった。これによって、企業規模は一気に拡大し、高度な技術の利用と大規模生産が可能となり、鉄道、電信電話を先頭に、石油、自動車、機械、電気、医薬品等の分野に超大企業が続々と生まれた。伝統的な家族ビジネスはもはや太刀打ちできなくなった。法人資本主義を一言で要約すれば、それは、自分のカネでなく、他人のカネでカネ儲けをするシステムである。従来の商業信用だけでなく、企業の資本金をまず株式発行によって広く投資家からかき集め、以後も巨額の設備投資資金を外部調達し続ける仕組みである。この新システムを支援するため、政府は、株式所有者の有限責任制と株式の流動性を保証する公開市場を設立した。国民の貯蓄を集積し、企業に提供する銀行その他の金融業が急速に政治力と経済力を増した。カネは企業活動の血液と呼ばれ、その運用を統括する銀行が経済界の支配者となった。銀行にとって集めた預貯金はもちろん他人のカネである。他人のカネでカネ儲けをするという法人資本主義のもっとも純粋な形態が銀行だといってよい。今日では、高名な（非金融）大企業といえども、取引銀行群の存念次第では一朝にして存亡の危機にさらされる可能性がある。それだけではない。銀行自身がギャンブルに失敗し、破綻の危機が発生すると、ただちに莫大な公的資金が投入される。健全な銀行なしには健全な経済はありえないという銀行の威嚇に反論を加える者はいない。２００８年のいわゆるリーマン・ショックといわれる金融危機では、リーマン・ブラザース以下、ゴールドマン・サックス、メリル・リンチ、モルガン・スタンレー等の巨大投資銀行が住宅抵当ローンなど危険度の高い債権をいろいろ巧妙に組み合わせて新派生商品を創り上げ、それらを別な金融企業や基金に高値で売り飛ばして巨額の利益を上げたが、ムーディーズやスタンダード・アンド・プアーズのような債権格付け会社も高い報酬と見返りに疑問の多い債権を高評価して協力した。しかし、この砂上の楼閣（実態は各金融企業が利益率を高めるためレヴァレッジ・レイショ（＝借入金の自己資金に対する倍率）を15倍、20倍といった危険水準まで引き上げてこうした派生商品の売買ゲームをやり続けたネズミ講的陰謀）はやがて音を立てて崩壊した。多くの年金基金がこの陰謀の犠牲になった。連邦政府は直ちに７０００億ドルといわれる公的資金で金融機関の救済に乗り出したが、この詐欺計画において中心的役割を担ったこれら巨大銀行の役員らは、張本人であるリーマン・ブラザースの役員を含め、何の訴追を受けることもなく、数百億ドルの餞別を手にして優雅に引退したといわれる。２０１１年には金融資本家による詐欺と不当利得を巡り、ウォール街を多数の市民がデモ行進し、99％の市民を収奪した１％の暴虐を糾弾した。

　銀行は、かなり昔から国の政治経済に影響力を及ぼしてきた。18、19世紀の西欧世界で、ロスチャイルド家が築いた金融、物流と情報のネットワークは、戦争に明け暮れる西欧諸国政府を手玉に取った。7つの海を征服した大英帝国といえども、ロスチャイルド家の支持がなければ、ナポレオンの経済封鎖で潰れていたであろうし、セシル・ローズらのアフリカにおける資源経営も実現しなかったであろうといわれる。「自分に通貨発行権を呉れるなら、誰がどんな法律を作ろうと一向に構わない」とは、ロスチャイルド家の当主が遺した言葉である。19世紀末から20世紀初頭にかけて石油ビジネスで台頭したアメリカのロックフェラー家も、やがて3Kものの石油より清潔で割りのいい銀行業に乗り換えた。チェイス・マンハッタン銀行は同家の旗艦として、1930年代以降のアメリカの政治経済を動かしたという。共和党の大統領候補はチェイス・マンハッタン銀行が選ぶといわれたものだ。21世紀に入ってからは、投資銀行大手のゴールドマン・サックスがその任にあるといわれる。その影響力はアメリカに留まらない。現在欧州中央銀行の総裁は元ゴールドマン・サックスの役員であり、アベノミックスの背後にも同行の強力な支持があると信じられている（安倍政権が発足したとき、We want Abe と異例の支持表明をしたのが同社のジム・オニール会長だった）。銀行企業の自己資本は小さく、大きな生産設備もない。しかし、大衆のカネをかき集めた巨額の資金と身軽なフットワークを生かして、グローバル化世界を飛び回り、企業の多国籍化・無国籍化運動の先頭に立っている。銀行は個別国民政府の手に負えない存在になったといっても過言ではない。つい最近、ローマ法王までが「カネの暴虐」を指弾する演説をしたと新聞は伝えている。

議論がポリティカル・エコノミーの方向に脱線してしまったが、純理論的な問題として、人々の合理的経済行動をモデルにする際に、カネを捨象できる条件は何かを問う必要がある。その条件とは、他人のカネへのアクセスの有無が、人々の選択に影響を与えないということである。言い換えれば、他人のカネを自分のカネと同一視するという条件である。自分のカネを使って実行したいプロジェクトの範囲が、他人のカネを使ってやりたいプロジェクトの範囲と同じだという条件である。さらに換言すれば、それは人々がみんな借りたカネは必ず返すという意味で正直だということである。古典物理学を模倣した新古典派理論においては、人間は自然物体に擬せられているから、もちろん正直である。しかし、少々考えるとわかるが、これは単なる必要条件に過ぎない。たとえ人々が正直であったとしても、不慮の事故により借金が返済不能となる可能性が残る。この可能性を消すには、不慮の事故を無くす、つまり、将来に関する不確実性を無くす、あるいは、不確実性そのものは消せないが、それに対する完全保険が存在するという条件を付け足さなければならない。新古典派理論は、事実、あらゆる不確実性を、すべて人間の行動によって影響されない外生的（＝自然的）不確実性と考え、その確率分布は市場参加者共通の知識であり、また、それらに対しては完全保険（＝すべての危険をカバーし、かつ、保険料率が保険計理学的にフェアな保険）が存在すると仮定した。これらの仮定の下では、不確実性あるいは危険の存在が人々の行動に影響を与えることはないし、そもそも投機行為自体が存在しない。だから、資本市場のレッセ・フェールは素晴らしいということになる。しかし、不確実性を外生的なものに限定したことは、ケインズが美人コンテストに譬えた現代資本市場の地球規模での群集心理が生み出す巨大な「内生的」不確実性を範疇的に無視する結果となった。自然現象をめぐる不確実性は正規分布に従う。ところが、人間同士が他人の行動を見ながら自分の行動を決める投機的市場における価格は正規分布では想像できない大幅かつ高頻度の変動を引き起こす。1997年のアジア金融危機、2008年のリーマン・ショック等は、もっともらしい理屈の後付けは別として、自然科学的な経済学の理解を超える現象だった。一言でいえば、経済活動に関わる危険の規模と発生頻度が急上昇したのである。世界中の浮遊資本が手早いキャピタル・ゲインを狙って集中的に動き回るグローバル資本市場を統制管理することは、明らかに個別国家政府の能力を超えている。この市場を野放しにしておくわけにはいかないという点に関しては、大多数の経済学者の同意が得られているようだが、具体的に誰がどういう規制ルールを設定すべきかについては、議論百出の状態である。19世紀初葉、銀行業は自由放任業種であるべきか、あるいは政府・中央銀行による厳重な監視下に置かれるべきかで大論争を起こしたイギリスにおいて、著名な金融学者トーマス・トゥークの「銀行業におけるレッセ・フェールは詐欺と同義であり、よって銀行業は国家による規制の対象とし、警察の管轄下に置かれるべきである」という言葉（トゥーク『物価の歴史』、1838年）

の重みを私は痛感する。彼が保守主義者ではなく、自由主義者であったという事実がこの判定の信憑性を一段と高めている。アメリカ政府が１９８０年代以降、銀行資本の圧力に屈して次々と規制緩和を断行したことがリーマン・ショックに繋がったと考える識者は多い。

資本主義が導入される以前の経済活動は、概して地域共同体的（＝コミューン的）活動であった。人々は借金することを恥とし、できるだけ忌避した。その背景には、人々のモビリティーが非常に限られていたという事情があった。万一借金をせざるを得なくなった場合には、とにかく完済することを第一目的とした。

共同体社会のルールも借金を抱えた者には厳しかった。返済が滞った者に対しては、債権者は本人（本人がいなくなれば妻子）の労働をもって借金の弁済に充てさせる権利をもつことも普通だった。村八分も稀ではなかった。つまり、法は厳しく、人々は先述の意味で正直だったのである。法人資本主義の台頭は、借金に対する人々の考えを一変させた。借金することが恥ではなくなった。借金できることが有能の証とさえなった。今日の経済においては、企業と政府が借り手で、家計が貸し手である。昔は債権者が権力を持っていたが、今は違う。権力をもっているのは、企業と政府という借り手である。そして、誰も、これらの借り手がいつの日か借金を完済するなどとは思っていない。それどころか、企業の資金需要が強く、もっと借りてくれる状態を好況と呼んで歓迎するようになった。しかし、借り手が支配する経済が、貸し手が支配する経済と違った行動誘因をもつことは当然である（たとえば、インフレは20世紀に始まった新現象である）。借金は恥ではないという思想は徐々に個人にも浸透してきた。とにかく借りて損はないという発想が広く社会に普及した。借りたカネで何をやるか。何でもやる。投資あるいは投機に失敗して返済不能になったなら、年とともに寛容になってきた破産法の庇護の下に逃げ込めばいい。所詮、借金は他人のカネだ。そして自分が返せなくなった借金は誰かが肩代わりしてくれる。換言すれば、人のカネは自分のカネとは違うのである。契約金利は、借りたカネで実行したプロジェクトが成功した場合にかかるコストであるが、失敗した場合には払わないで済む可能性が高い。こういう制度の下では、人々はどうしても道徳心を失い、不正直になる。拝金主義が世間を支配し、他人のカネで危険度の高いギャンブルをやり、あわや一攫千金を狙うというのが法人・個人を問わず、一般的風潮になった。いうなれば、1億総無責任時代が到来したのである。否、1億ではない。70億総無責任時代というべきであろう。しかし、この問題は規模が大き過ぎて個別国家政府の手に負えない。日本という国が、ただひとり、高い道徳心をもつ有能な国民から成っていたとしても、日本がこの問題から隔離されるわけでもない。やはり、G8、G20のようなレベルでのアクションが必須である。しかし、その前にまず必要なのが、経済学者による問題の概念的明確化と解法の提示である。経済学者は、もっと真面目におカネを哲学しなければならない。不正直な人間の「合理的行動」を理論化するという作業は、犯罪学者あるいは異常心理学者の仕事に似て、楽しいものではないであろう。しかし、経済学が、人間学（自然科学に対する）として、カネが支配する現代経済の仕組みを掌握するには避けて通れない仕事であるように思われる。新古典派経済学は、人間の性善説とシステムの予定調和仮説を組み合わせて、理想化された、誤ることのない経済をひたすら理論化してきた。この基本姿勢における誤謬が今や問われているのである。

2—8　情報技術とサイバー犯罪

短期的ゲインを求めて地球規模で動き回る巨額の国際浮遊資本は、超高速取引を可能にするコンピューター技術とあいまって、世界経済における大きな不安定要素となってきた。その襲撃を受けた経済には大抵の場合大きな爪痕が残る。最近の世界経済は、いうなれば、「大気の状態が極めて不安定」なグローバル気象そっくりである。アラブ世界・イスラム圏の政治的混乱がそれに輪をかけている。

カネの問題に関連して、経済学の急務のひとつが情報経済学の整備発達である。まず「情報財」の周到な吟味から始めなければならない。情報財は通常の財が共有しないいくつかの特殊な性質をもっている。野口悠紀雄『情報の経済理論』（東洋経済新報社、１９７４年）は、情報財の特徴を以下のように要約している。第1の特徴は、複製可能性、つまり、ゼロに近い費用でコピー可能であり、コピーされた後もオリジナルが原型を完全に維持するという性質である。ハッカーたちが企業や政府のコンピューターに侵入して、所蔵データを盗み取る事件が頻発する世の中であるが、この窃盗行為を、情報所有者が容易に発見できない理由がこの複製可能性である。手持ちの情報が減っているわけではないから、犯行声明でも出ない限り被害認識さえ難しい。第2の特徴は、情報財の強い外部性である。情報の所有者にとっての価値は、その情報を共有する他人の数の多寡によって強く影響を受けるという意味での相互依存性である。企業の生産技術に関連する情報や学者の研究活動（学者の場合は、その生産物そのものも情報である）に関連する情報は、それを共有する他人の数が増えると、所有者にとっての情報価値が激減するという意味で強い負の外部性をもつ。他人に狙われる情報というのは、すべて負の外部性をもつ情報である。第3の特徴は、その不可分性である。情報には体系的プログラム情報と断片的データ情報があるが、とくに前者についてこの性質が重要である。こうして新しいタイプの専門家集団ができあがり、社会を支配するようになる。第4の特徴は、品質の不確実性である。企業の新製品や学者の新発見を考えると明らかなように、大抵の場合、競争者が何人かいて、類似の研究開発をやっている。だから、情報価値の実現は時間との勝負である。本当は、時間をかけて充分な実験検証を終えてから発表されるべきものだが、そんな悠長なことをしていると、誰かに先を越されてしまう。その危険を防ぐためには、できるだけ早く暫定的結果を公表する必要がある。不確実性は、結果が学問的に正しいかどうかだけでなく、それが商品化されたときの市場価値についても存在する。毎日のようにニュースになる医学上の「大発見」を考えればわかるが、半分は眉唾物である。にもかかわらず、成功報酬が莫大なため、誇大広告や研究成果の捏造まで起きる。中には、他人を騙す目的でウソの情報を流す者もいる。情報はこういう性質の財であるから、市場が正当な価格を設定することさえ難しい（特許を取得した新発明の大多数は、一文のカネにもならないという）。だからといって、情報を無視するわけにはいかない。ひょっとすると、人類の歴史を変えてしまうような大発見かもしれないからである。第5の特徴は、取引における不可逆性である。通常財の場合は、いったん配達済みであっても、これを回収すれば、元の状態に返すことができるが、情報財はいったん配達すると回収不可能になる。情報は知ってしまうと、知らなかったことにすることはできないのである。この意味で情報は取り扱いが極めて厄介な財である。グローバル規模で、日常的に起きる知的財産権をめぐる犯罪・争訟が情報財固有の諸性質に起因していることは疑いを容れない。

経済学者が伝統的な完全情報の世界に安住しているというのではない。情報の経済学は経済学のカリキュラムにおいて市民権を得た科目であり、日々研究が進んでいる。しかし、現実世界の進展のペースが研究のそれを大きくリードしている感は免れない。悪い奴の方が善い奴より頭がいいといってもよい。サイバー犯罪は今や最も重要な犯罪ジャンルを形成しているが、世界が最も警戒すべきは、これが世界の金融システムに与える恐怖である。2001年の同時多発テロが世界を震撼させたことはまだ記憶に新しいが、銀行企業のデータ情報がハッカー攻撃を受け、破壊されたときのショックはそれとは比較にならない大きなものになるであろう。現代社会に生きるわれわれ一般市民は、自宅のある僅かな不動産（これも大地震・津波等に遭うと危ないが）の他は、すべての資産を銀行預金その他の金融資産（=誰かが発行した借用証書）で保有している。といっても、大抵の場合、現物さえ所持していない。われわれがもっている預貯金（日本の家計がもっている預貯金は1500兆円を超える）は、所詮、銀行の顧客データに記載された数字に過ぎない。ひとたびこのデータが破壊されると、われわれは何も持っていないことになりかねない。個人ももちろん大変だが、経済全体が麻痺してしまう。最近、予想される大地震・津波等の天災や近隣諸国からの武力攻撃の可能性が広く認識され始め、危機管理の体制づくりが国家的規模で検討され始めているが、そのトップに置かれるべきものが金融システムのテロ行為からの庇護であることは異論のないところであろう。アメリカは、アル・カイーダの金融システム攻撃に対してすでに厳戒態勢にあるといわれる。日本はどうしているのであろうか。銀行資本によって経済を人質に取られ、それでも銀行保護を最優先せざるをえないというのも癪だが、それが、カネの増殖を追求する法人資本主義の宿命なのかもしれない。

２―９　非対称情報の世界と経済学

新古典派理論が事実上の「完全情報」を仮定してきたことは上述のとおりであるが、現実世界における情報が不完全であることに疑問を差し挟む必要はない。たとえば、科学的知識がこれだけ発達しても、わからないことはなお無限にある。しかし、経済学的観点から人々の行動とその社会的結果に大きな影響を与えるという意味で重要なのは、この意味での情報の不完全さそのものよりも、情報の人々の間の配分における不均等性（＝非対称性）である。情報の配分が非対称的であるとき、情報上優位にある側は当然（＝経済合理的に）その優位を生かそうとする。それを知覚する相手側は、限られた情報の範囲内で、相手による「収奪」を防ごうとする。こうして出来上がる契約は、対称情報を前提とする新古典派理論が予測する「最善」（＝ファースト・ベスト）契約とは似ても似つかぬ「次善」（＝セカンド・ベスト）契約となるという意味で、他方、多くの現実世界の諸現象を説明できるという意味で、非対称情報の経済学は、実学としての経済学が今後とも研究・教育のテーマとして発展させられるべき分野であろう。以下の解説は拙著『入門　情報の経済学』（東洋経済新報社、２００２年）による。

2人（個人あるいは法人）の人間が売買取引に関して「契約」をしようとする際、2人がもっている関連情報の量は通常対称的（＝同じ）ではない。話を具体的にするために、一つの企業と一つの労働者集団とが雇用（すなわち労働サービスの売買）契約を結ぼうとしている状態を考えよう。問題となる非対称情報は、労働者が「勤勉」であるか「怠惰」であるかをめぐって発生すると仮定する。企業は、労働者自身のように、労働者が勤勉に働いたか、怠けたかを直接観察・検証しえないが、労働者が生み出した生産量は観察することができる。しかし、生産量は、労働者が勤勉に働いた証拠ではない。怠けても、生産量が高くなるときがあるし、勤勉に働いても生産量が低くなることもある。明らかなことは、勤勉に働いたときに生産量が高くなる確率が、怠けたときに生産量が高くなる確率よりも高いという統計的事実だけである。対称情報の場合には、企業は労働者の勤務態度を検証できるから、賃金を直接勤務態度に依存させることができるが、今考えている非対称情報のケースにおいては、企業はそれができない。そこで、企業は、次善の策として、生産量をもって労働者への報酬を決める。つまり、報酬は、生産量が「高い」ときは、高い「成功賃金」を、生産量が低いときは、低い「失敗賃金」を払うものとする。

非対称情報が生み出す非効率について、文献は2つの普遍的現象を強調する。一つはモラル・ハザードと呼ばれるもので、これは、個々の労働者が、契約の態様次第で、契約後に、勤勉、怠惰のいずれかを選択することから発生する現象である。個人が遺伝子等によって生来勤勉あるいは怠惰な性格であるというのではなくて、契約が意味する誘因構造に反応して勤務態度を決めるのである。

ここで、雇用契約が結ばれる市場構造を最低限明らかにしておかねばならない。まず、企業については、多数の企業が多数の労働者と競争的に雇用契約を結ぶものと仮定する。ということは、市場を支配している報酬ルールより低いルールでは労働者を獲得できないことを意味する。そういう状態から出発すれば、企業は報酬ルールを労働者にとってもっと魅力的なものにせざるを得ない。市場の競争メカニズムが働いて、均衡においては、企業の利潤がゼロ（すなわち、余剰利得がゼロ）の状態に落ち着く。簡単化のため、企業は利潤の変動リスクについては中立的であると仮定する。次に労働者側であるが、労働者も競争的環境で企業を選び、契約するわけであるが、労働者の目的は、自分の期待効用を最大化するものとする。労働者の期待効用は、成功賃金が得られる確率×成功賃金の効用＋失敗賃金が得られる確率×失敗賃金の効用から労働の非効用を引いたもので評価されるものとする。労働者の効用関数は通常の凹型で、これは、労働者が危険回避的嗜好をもっていることを意味する。労働者の勤務態度でこれらの確率自体が上下するから、各労働者は、勤勉に働いた場合と怠惰に働いた場合の２つの期待効用額を計算する。労働の非効用は、もちろん勤勉に働いた場合の方が、怠惰に働いた場合よりも大きくなる。2組の成功確率は、企業と労働者が共有する情報であると仮定する。失敗確率は、いうまでもなく、1マイナス成功確率となる。

さて、企業が契約で成功賃金と失敗賃金（もちろん成功賃金は失敗賃金より高い）を公表したとする。労働者はただちに2通りの期待効用額を計算し、両者のうちの高い方が実現できるように勤務態度を選ぶ。いうまでもないことだが、企業側にとっては、労働者が勤勉に働いてくれることが狙いである。何となれば、勤勉な労働者の方が怠惰な労働者よりも大きな期待利潤を生むからである。この狙いを実現するには、いかなる契約が必要か。これが本節の課題である。

ここで、ちょっと脱線して、対称情報の世界を覗いてみよう。対称情報の場合というのは、企業が労働者の勤務態度について労働者と同じ知識をもっている場合であるから、企業は、各労働者に対して、勤務態度に応じた報酬を支払うわけであるが、企業がリスク中立的（つまりリスクを厭わない）であり、労働者はリスク回避的嗜好であるとすれば、社会的に最善（パレートの意味で効率的）な契約は、成功賃金＝失敗賃金という簡単な形となり、賃金水準自体は、企業の期待利潤がゼロとなる点で決まる。もちろん、勤勉な労働者の賃金は怠惰な労働者の賃金よりも高くなるが、企業が一人ひとりの労働者の勤務態度を知っているから、問題は生じない。成功賃金を横軸に、失敗賃金を縦軸にとった空間において、対称情報下の契約は、45度線上の2点として示される。そのうちの高い方が勤勉な労働者の賃金である。

前置きが長くなったが、いよいよ非対称情報下のモラル・ハザード問題に入ろう。企業の目的は、労働者が勤勉に働いてくれる誘因を与えるような契約を提示することであった。もし企業が上記の対称情報下での勤勉労働者に対する報酬を契約で提示したらどうなるか。すべての労働者がそこへ殺到することは明白であるが、彼らは、勤勉を装うだけで、実際には、労働の非効用が低い怠惰を選択する。高い賃金を貰って怠けるわけである。しかし、もし労働者が怠惰であるときに勤勉を仮定した高賃金を払えば、企業はやっていけない。だから、この契約は崩壊せざるを得ない。勤勉と怠惰を自在に選択する労働者に勤勉の方を選択させるには、勤勉に働いた方が怠惰に働いたときより高い期待効用が得られるような契約を提示しなければならない。勤勉に働いたときの期待効用から怠惰に働いたときの期待効用を引いて整理するとすぐわかることだが、労働者を勤勉に働かせるような契約は、成功賃金と失敗賃金の差を充分大きく維持しなければならないことが判明する。上述の対称情報下の最善契約（そこでは成功賃金と失敗賃金が等しかった）がなぜ駄目かというと、今述べた条件に反するからである。危険回避的嗜好の労働者に高い成功賃金と低い失敗賃金という形で危険負担を強いることは、社会厚生の観点からすれば、非効率＝損失には違いない。しかし、非対称情報の存在と、情報上不利な立場にある企業の自衛策の結果であるとすれば、やむを得ない損失であると考えられる。

非対称情報が生み出すもう一つの、これも普遍的な現象が逆選択あるいは逆淘汰と呼ばれるものである。この現象は、モラル・ハザードのように、労働者個人の契約後の選択から発生するのではなくて、労働者集団が勤勉集団、怠惰集団といったような異質の小集団から成っている場合に発生する。情報の非対称性は、企業が個々の労働者について、どちらの小集団に属するかが認定できないことに起因する。ただし、企業は、経験から、交渉相手の労働者集団が勤勉な小集団と怠惰な小集団から成っており、その割合がどれくらいかも知っているものとする。企業にとっての問題は、表面上は勤勉面を装っている全体集団をいかにして勤勉な小集団と怠惰な小集団に（労働者自身の選択を通じて）分離させるかである。結論からいうと、2つの小集団に2つの異なる契約を提示するのである。その際肝要なことは、各小集団が、それぞれのために提示された契約を選択するように契約を作成することである。企業の意に沿う契約作成の手順は、以下のとおりである。まず怠惰な小集団に対しては、対称情報下の45度線上における怠惰集団用の契約を提示する。これは、成功賃金と失敗賃金が同じで、労働者にとってリスクがなく、かつ、この点において、企業の対怠惰集団の期待利潤がゼロになっているという意味で、怠惰集団にとっては、これ以上のものはない契約である。この契約を「対怠惰集団最善契約」と呼ぼう。次に、勤勉集団との契約であるが、勤勉集団はもちろん怠惰集団より有利な契約をもらう権利と能力があり、また、それを望むわけであるが、ここにひとつ重大な障害が発生する。勤勉集団に提示される契約は、確かに、勤勉集団にとっては、上記の対怠惰集団最善契約より望ましいものでなければならないが、同時に、それは、怠惰集団にとっては、対怠惰集団最善契約より劣等なものでなければならない。そうでなければ、怠惰集団が全員勤勉集団に提示される契約の方に移ってしまうからである。しかし、全員がそちらに集合すると、勤勉集団のみを相手としたその契約は維持不可能になり、崩壊せざるをえない。ではいかなる契約が勤勉集団に提示されれば、勤勉集団のみがそこに集まり、怠惰集団は対怠惰集団最善契約に留まるかというと、いささかややこしくて恐縮だが、対怠惰集団最善契約点を通る怠惰集団の無差別曲線と勤勉集団相手の企業のゼロ期待利潤線との交点（厳密には、ゼロ期待利潤線にそって交点の僅かに右）で決まる。成功確率の違いから、勤勉集団の無差別曲線は、怠惰集団の無差別曲線よりも（成功賃金を横軸に、失敗賃金を縦軸にとった空間の任意の点において）急な勾配をもつ。したがって、問題の交点は、45度線よりずっと右に位置し、その点における勤勉集団の期待効用は、対称情報下で45度線上にあった対勤勉集団最善契約点における期待効用より大幅に低下する。対称情報下の最善契約とくらべ、怠惰集団は一向に損をしていないのに、社会的に望ましい有能な勤勉集団が、単なる企業側の識別能力不足のゆえに、損失を被るわけである。いわゆる自然淘汰が、適応能力の低い劣等な種を選別し淘汰するのに対して、経済界における選別は、劣等な種を保護するように働く。逆淘汰と呼ぶ所以である。

ところで、逆淘汰のケースにおいては、上述のように、2つの小集団に別々な契約を提示するという意味の「分離均衡」が支配的となるわけであるが、この場合にも両小集団に共通の契約は可能かどうかを念のため調べると、それが不可能であることが判明する。ある単一契約が上記の空間上の1点として示されていると仮定しよう。先述したように、この契約点を通る2者の無差別曲線は、勾配が異なるから、契約点から右にあり、両者の無差別曲線に挟まれたエリア内の点は、勤勉集団にとっては契約点よりも望ましく、怠惰集団にとっては、契約点より望ましくない契約を表す。最初の契約点を企業のゼロ平均期待利潤線上にとっておくと、今述べたエリア内の一部の点は、企業の期待利潤を増やすことができる。そういう点を企業は選んで勤勉集団に契約として提示することができるし、市場の競争圧力がその実行を迫る。かくして、最初に仮定した単一契約は破壊されるのである。

ややこしい議論を続けて申し訳ないが、結論としては、非対称情報下のモラル・ハザードおよび逆淘汰の場合のいずれにおいても、次善解は、成功賃金と失敗賃金の差をある水準以上に維持することを必要とする。労働者の危険回避的嗜好にもかかわらず、彼らに危険負担を強いることが、必要悪となるのである。労働者に対するディシプリンとも考えられる。また次善解は、対称情報下の最善解と比べて社会厚生の低下を招き、とくに勤勉集団の負担を増やすことがわかる。

不当に不利益を被る勤勉集団にできる自衛策として知られているのが、シグナリングと呼ばれる一種の自己宣伝である。勤勉な労働者が自分は勤勉であるという情報を企業に向けて発信するのである。ただ口先だけの主張ではもちろん効果はない。怠惰な労働者も同じ戦略を使用するからである。情報には客観的根拠がなければならない。学歴や学業成績、あるいは職歴が主張に格好な客観的根拠を与える。一流大学を優秀な成績で卒業したという事実は、企業側に、この個人が勤勉であると信じる強力な根拠を提供する。とくに、これらの証拠は、怠惰な個人には真似しにくいという点が重要である。効果的なシグナリングを通じて、勤勉な個人の就職活動の成功、厚待遇での契約が可能になるのである。シグナリングは、労働者だけでなく、企業も利用する。わが企業がいかに優秀な企業であるかを、過去の業績や労働者の厚待遇、将来の明るい見通しに関する客観的情報を職探し中の労働者に発信することにより、応募者を増やし、勤勉な個人の応募を促進し、同時に、怠惰な個人の応募をディスカレッジすることができる。いささか余談だが、日本に長期滞在していたとき、日本の諸大学のホームページをブラウズしていて面白い発見をした。いくつかの大学は、所属教員集団の学歴や業績を詳細に掲示しているが、他大学は、教員集団の氏名を列記しているだけである。前者が、わが大学は優秀な教員陣を備えた一流大学ですというシグナルを高校生とその母親に発信していることは明白である。反面、教員の氏名だけを列記している大学は、自分で選んだ不作為を通じて、わが大学は三流ですという情報を発信していると解釈されても仕方がない。

非対称情報が生む資源配分の歪み、非効率、不公正は労働市場に留まらない。貸付金市場では正直な借り手が、不正直あるいは無責任な顧客の存在によって、高い費用を払わされる。金利が需給調節機能を充分果たせなくなり（金利を高くすると、高リスクの借り手の割合が増え、貸し手の利益にならない）、その結果、信用割り当てが日常化する。また、不正直な借り手の存在により、正直な借り手（彼らは自分が正直であるという証明を貸し手に提示できない）が不利益を被る。保険市場でも同じような問題が起きる。保険料率を高くすると、高リスクの顧客が多く残り、儲からない。望ましい低リスク集団のための契約も、高リスク集団を近づけないという条件により大きな制約を受ける。モラル・ハザードと逆淘汰は、社会のあらゆる契約（婚活を含む）に普遍的に存在する問題で、これらが生み出す社会厚生の喪失がかなりな額にのぼることは容易に想像できる。20世紀がモノの世紀といわれたのに対して、21世紀は情報の世紀といわれる。情報化が進むにつれて、経済活動の非効率と分配上の不公平が今後ますます増大するものと予想される。それを防ぐ契約理論および技術の開発（法的整備を含む）が喫緊の課題として強く望まれる。

第3部　日本の経済学教育

3―1　日本的システムはなぜ大学では機能しないのか

私は2014年5月現在77歳であるが、この77年の人生を日本と北米でほぼ半分ずつ過ごした経験に基づいた感想を申し上げると、日本という国は、西欧諸国はいうにおよばず、その他の諸外国ともかなり異質の国である。日本人の際立った民族的特徴は2つあると私はかねがね考えている。一つは、曖昧さを許容する能力（Ambiguity tolerance）である。北米社会に住んでいると、こちらの人間は物事や人間の評価に黒白をつけるのが好きだなあと感じることが多い。彼等はそれをすぐ勝負の材料にしてしまう。とにかく、万事勝つことを生き甲斐として人生を送る人種である。彼らにとって、人生は終わりのないトーナメント方式の勝ち抜き戦である。彼らは各界の「勝者」を尊敬し、やたらに英雄視する。日本人はこの点でかなり違う。元々相対主義者の日本人は、物事や人間評価について、まず複数の見方があるという前提から入っていく。さまざまな意見の人間がいて当然であり、対立する見方や意見を、議論を通じて淘汰し、最終的に一つの評価に収斂させるという手続きが可能であるとも合理的であるとも思っていない。むしろ、さまざまな見方と意見が共存する状態こそ「真実」だと考える。日本人は、政治家でも実業家でも、勝ったからといって尊敬はしない。日本人が尊敬するのは、人物の人間性の豊かさと高尚さだけである。こういう嗜好の民族であるから、万事に黒白をつけることを忌避する。曖昧な玉虫色の世の中、これが日本人にピッタリ合う。この嗜好を私は「能力」と呼んだが、その理由は、意見の異なる人間が周りにいても、適当に付き合うことができる日本人であればこそ、人口稠密な狭い島国で、仲良く暮らすことができたからである。反面、欠点といえば、物事を詰めないで放置しても気にならないといういい加減さであろうか。

もう一つの特徴は、対外恐怖症（Xenophobia）である。曖昧さを許容する能力は、他のアジア人にも多少共通しているが、この対外恐怖症は、日本人独特で、他のアジア人にも見られない。東洋の島国から古くは中国、近代では西欧諸国の事物を多大の関心をもって観察し、学習し、長所を貪欲に吸収して日本という国体と文化を築いてきた日本人にとって、外界は常に情報の源泉であり、教師だった。日本人が自分たちを世界一だと思ったことはいまだかつてない。常に自分たちより優れた存在が外界にあるというのが日本人の基本的世界観・人生観であった。立派な一流国になった現在でも、西欧がナンバー・ワンで、自分たちがナンバー・ツー、その他の世界がナンバー・スリーと勝手に自己規定して、不安定なナンバー・ツーという地位で躁鬱状態を繰り返している。日本人であることは気苦労が多い。陽気な個人主義者の北米人、底抜けの楽観主義者のラテン民族や一部の東南アジア人、傍若無人の中国人等々と比べても、日本人は幸せを感じることが少ないのではないか。私の観察するところ、要らぬ取り越し苦労ばかりして、現在が稀薄な人間が日本には多過ぎる。これも、対外恐怖症から生まれる躁鬱病に起因しているように思われる。

それはともかく、曖昧さを許容する能力と対外恐怖症の組み合わせは、日本の近代化に大きな貢献をした。対外恐怖症は社会の危機感と緊張感、そして国民の結束を高め、海外の事物に対する好奇心と学習意欲を著しく高揚させた。他方、曖昧さを許容する能力は、自分のニーズと関係なく、誰のものでも構わず、また原理原則に囚われず、広く外国の事物を吸収し、必要があれば分解・改良して自分のものにすることを可能にした。また、外国との軋轢・衝突を最小化し、勤勉で誠実、外国人に対しては寛容な世界市民という名声を確立して、国体の保持に役立った。

こういう風にいうと、日本人がいかにもスケールが小さく、小賢しく、専ら外界から知恵を盗んでうまくやってきた矮小民族のように聞こえるかもしれないが、私の考えでは、日本人が維新以来の１００年間に築き上げた日本的社会・経済システム（それは多くを過去、とりわけ江戸時代の遺産に負うものではあるが）こそが、世界に誇るべき日本人のオリジナル作品であった。この日本的システムは、多くの途上国にとって、アメリカ型の競争的個人主義モデルよりもずっと有益なモデル（以下に述べる共存主義モデル）であると私は信じている。経済学的観点から見た日本システムの一番顕著な特徴は、独特の公平あるいは平等の考え方である。西欧社会における平等が機会均等という意味の事前的平等であるのに対して、日本の平等は、事後的あるいは結果的平等である。日本も民主世界の一員であるから、西欧の事前的平等はもちろん建前としては尊重する。しかし、機会さえ均等であれば、あとは能力次第で、勝者独り占めを分配原理とするアメリカなどとは違って、日本人は、競争は是認するものの、勝者の専横は許さない。その根底には、日本経済は、有能な個人が勝手に収奪すべき狩場ではなくて、まず日本人全員を食べさせるためにあるという「共存原理」が働いているように思われる。長く苦しい発展過程を通じて、落ちこぼれを作らず、豊かさを全員で分け合ってきた国は世界広しといえども、日本しかない。しかし、競争原理を是認した上で、事後的平等を実現するのは簡単ではない。というのも、競争を活発化させるには、勝者と敗者の報酬に大きな差を設けなければならないからである。でもそうすると、事後的公平が損なわれる。そこで、日本人は、競争ルールはルールとして設けてはいるが、その実践は適当で済ませるという独特の技術を開発した。日本では、ノーベル賞を貰った大学者に特別な高年俸を払う慣行はない。また、イチローや松井のような大選手だからといって、アメリカのように2000万ドルの年俸を払うことはしない。彼らの場合はせいぜい5億円を払っただけだ。楽に10億円は超えたであろう彼らの限界収入生産物（こちらでは、これがそのまま選手個人の年俸になる）から実際に支払われた年俸を差し引いた差額は、同僚全員に配分されたのである。アメリカには貧困ライン以下の国民が数千万人いるし、自動車の賠償保険さえ買っていないドライバーもほぼ同数いるといわれるが、その反面、巨大銀行の重役らは、退職時に数億ドルの餞別を受け取る。所得の不平等度を測る尺度として知られるジニ係数（最も極端な不平等度を1、完全な平等度をゼロとする指標）も、日本は０・28前後（最近上昇中）だが、アメリカは０・４を大きく超えて先進国中でもダントツに高い。２０１３年9月に発表されたフォーブス社恒例の長者番付によると、純資産額でトップはマイクロソフトのビル・ゲイツ会長（２０１４年2月辞任）の７２０億ドル、10位のマイクル・ブルームバーグ（ブルームバーグLPの創始者でニューヨーク市長）でも３１０億ドルである。同誌はトップ４００人の個人の純資産を公表しているが、この超富豪４００人の純資産総額は2兆ドルを超え、彼等の金運はさらに上昇中だとコメントしている。その反面、食うに事欠き、スナップ（昔のフード・スタンプが改名されたもの。1人当たり月１００ドル前後の食料品バウチャー制度）に頼る国民が数千万人いる国であり、犬人口の小さい南部で犬人口の大きい北部より多くのドッグ・フードが売れる国でもある。対照的に、共存原理で動く日本社会は温かく、人道的である。日本人は政治家の悪口を言う点では人後に落ちないが、内心では政府が何とかしてくれると信じている。外から見ると、皮肉ではなくて、幸せな国民だと思う。この温かい社会を是非将来とも維持してほしいと私は願っている。ただ、日本的社会をうまく運営するには、かなりの努力と弛まぬ工夫が要る。というのも、日本的社会は、甘えを助長し、モラル・ハザードの危険が高い社会だからである。日本人は、下は小学生から上は政治家・企業経営者まで、「こんなことをやってはいけないのだが、この程度までなら許されるだろう」という計算をする。一人ひとりのレベルでは些少な問題かもしれないが、国民全体（日本人は周りを見て道徳基準を決める習性がある）となると、無視しえない国家的ロスになる。では、そんな危険の多いシステムが100年以上なぜ有効に機能したかという疑問が湧いてくるが、その答えは、ルース・ベネディクトのいう「恥の文化」にあったと私は思う。自分の怠慢・無能のゆえに組織や同僚に迷惑をかけることをこのうえない恥だと感じる名誉心がモラル・ハザードの蔓延を阻止してきたのである。しかし、この名誉心が近年急速に衰退しているのが気がかりである。

私が日本の大学に身を移して一番不思議に感じたのは、なぜか日本の大学という組織が、企業や官僚組織のような日本の伝統的システムとはかなり違うということだった。給料はじめ処遇の差は、北米のように大きくはないし、給料水準は世界的に見ても高いし（約10年前の数字だが、アメリカで一番高いハーバード大学正教授の平均年俸が14万4000ドルであったのに対して、わが流通科学大学の正教授のそれは1336万円だった。もちろん、関関同立、産近甲龍といった関西の有名私学のそれはもっと高かった）、正教授への昇進も40歳前後と大体決まっているようだし（北米では一生助教授という人がたくさんいる）、研究費は業績に関係なく数十万円が全員に自動的に配分されるし、降格やクビになる心配はないし（日本の正教授は「永久横綱」といわれる）、仕事量（講義時間数、講義の準備に要する時間数および大学運営のための奉仕作業時間数）は北米よりかなり低いし、出勤日数は最低だし、勤務評定はないし、生涯に2、3度という長期留学機会も公平に回ってくるし、こんないい商売は他にないと世間の人から思われて当然という結構な職業である。そして、今列記した特徴はすべて暖かい、事後的公平を旨とする日本的システムの恩恵なのである。では、どこが日本の他の部門と違うかというと、教員集団の中に、この大学のために、あるいは、次世代の日本人育成のために、という集団的志向＝エトスが欠落している点である。極言すれば、日本の大学教員は、日本的システムの恩恵はフルに受けながら、その見返りとしての義務を忠実に履行していないのである。学問の自由を教員の自由、大学の自治（文部科学省の干渉下ではあるが）を教員の自治と読み替え、好きなように振舞っている風である。第2部の終わり部分で紹介した非対称情報の経済学の用語でいえば、文部科学省と個々の大学当局は、学生集団だけでなく、教員集団相手に対しても、いかに「勤勉」に働かせるかという人事管理問題に直面している。しかも、大学という世俗から隔離された業界では、学生集団にも、教員集団にも、モラル・ハザードと逆淘汰の危険が極めて大きい。にもかかわらず、文部科学省も大学当局も、この問題を解こうとしてこなかった。第2部の結論によれば、モラル・ハザードと逆淘汰のいずれの場合にも、管理者にとって適切な誘因構造は、まず改善の見込みのない怠惰な個人には、それ相応の低賃金（成功賃金と失敗賃金は同じでよい）を払う反面、見込みのある個人に対しては、成功賃金と失敗賃金の差を大きく維持することだった。すなわち、信賞必罰ルールを実行することだった。学生相手の試験問題の作成を例にとって信賞必罰ルールを説明すると、試験の前半では誰でも適当に答えられる「難易度0」の問題を並べて、その部分の得点は全員50点（＝満点）とする。こうすれば、採点の労が半減し、大学経営者が嫌がる落第も防げる。つまり、勉強の仕方も知らず、知的好奇心が欠落した怠惰学生には、授業料と引き換えに無条件で合格させる（ただし、50点で卒業する学生は、「大卒」の待遇を期待してはならない）。試験の後半（50点満点）は一転して、勤勉性向の高い学生を対象に、難易度1、難易度2、難易度3と段階的に難しくなるように問題を配列し、できる学生の向上心を煽り、達成感を体験させるのである。教員相手の誘因構造も同様に作り直す。才能もやる気もない教員には、最低の固定賃金で補習的授業や雑用を大いにやらせる一方、望みのある教員には、レベルの高い講義を担当させ、研究努力と成果に対してできるだけ高い評価を与え、報酬・昇進に反映させるようにする。今のままでは、潜在能力の高い教員を腐らせて「逆淘汰」している。日本の大学教育の問題は、学生集団に対しても、教員集団に対しても、この基本ルールが適用されていないことにある。その結果はいうまでもない。本来勤勉志向の学生も教員も、勤勉に働く誘因がないため、怠惰集団に合流して仕事をさぼり、余暇をできるだけ作って、副業や道楽の追求に耽ることになるのである（大学教員が無節操に非常勤講師をやって小遣いを稼ぐ風潮にはすでに触れたが、学生のバイトも凄い。約10年前のデータだが、日本の大学生の月平均バイト時間数は、国立大学で50時間、私立大学では70時間をそれぞれ超えていた。それも、学費を稼ぐというような殊勝な理由からではなく、大部分が遊興費捻出のためだったというから呆れる）。こんな大学が多数存在する国を私は他に知らない。企業や官僚組織においてこういう悲惨な結果が生じないのは、日々の実績主義が信賞必罰ルールを支えているからに違いない。教育の成果は、企業の売上や官僚の企画立案作業と違って20年、30年という長い視野で測定される性格のものであり、これが、前述のモラル・ハザードをさらに助長し、逆淘汰を放置してしまうのである。

3―2　政府に生んでもらった負い目をもつ日本の大学

先進諸国の中で、大学を政府に創ってもらった国は日本だけであるようだ。西欧社会における大学の歴史は古い。古い大学の創設時というものには大抵の場合複数説があってあまり明確でない場合が多いが、西欧で一番古いとされるボローニャ大学は１０８８年、オックスフォード大学は１１６７年、ケンブリッジ大学は１２０９年、プラーグ大学は１３４８年等となっている。近代民主政府の誕生よりもずっと古いのである。新世界のアメリカにおいても、ハーバード大学が1636年、イエール大学が1718年、ペンシルヴァニア大学が1749年、コロンビア大学が1754年、ブラウン大学が1764年、ラトガース大学が1766年、ダートマス大学が1769年等となっていて、合衆国政府の誕生よりも少々古い。つまり、西欧社会では、大学が政府より「先輩」なのである。この点は意外に重要であるように私は思う。西欧諸国においては、政府が先輩である大学に後輩としての礼を尽くすという雰囲気が感じられるからである。要するに、カネは出すが、口は出さないのである。対照的に、日本の大学は明治政府によって創ってもらった。東京大学が創設されたのが1877年、それから20年経った1897年に二番目の大学として京都大学が創られた。旧帝大を軸とした大学制度がこうして生まれた。文部省は、大学の供給を制限することにより、「国立」大学の権威とエリート性を高め、自分たちもその「生みの親」としての特権を享受した。とはいっても、旧帝大だけでは収容能力が不足する。そこで文部省は、当時各種専門学校だった私学にいろいろ恩を売りつつ、これらを徐々に大学に昇格させて、市場需要に合わせた。しかし文部省にとって、国立大学は自分のお腹を痛めた実子であり、私立大学はあくまで継子である。実子は継子より可愛いのが人情である。文部省は、予算配分その他において、実子の継子に対する優越を保証する差別政策を採った。そして、国立大学対私立大学（学生数は後者が8割）という「二重構造」は今日に至るまで存続している。だから、アメリカやイギリスのように私学が大学産業の頂点に立つことは遂になかった。

今世紀に入って、文部科学省は、大学政策を大きく方向転換する構えを見せてきている。手始めに、国立大学を独立行政法人化した。政府が国立大学を丸抱えで面倒を見るのではなく、大学が各自創意工夫して存続発展を図る仕組みに移行したように見える。私立大学との関係については、国立大学も同じレベル・フィールドで競争させるという。大学行政全般についても、規制緩和を進め、許認可事項を段階的に報告事項に移してきたと文部科学省は主張する。しかし、問題はそう簡単ではないし、文部科学省の本心がそこにあるという感じでもない。国立大学が独立行政法人化された10年前の時点で、国立大学の授業料は私立大学の半分であり、また、国立大学には、膨大な国有財産が大学資産として分与されていた。まさかこれらの資産を大学から取り上げるわけではないし、大学に買わせることもできないから、結局国立大学は、私立大学に対して、大きなアドヴァンテージをもって競争のスタート台に立つことになる。１９７０年代にすでに指摘され始めた少子化問題はその後ますます深刻化し、かといってすでに50％に達した進学率がこれ以上増える見込みもないし、留学生の大量移入も言語障壁等により望み薄とあれば、大学産業が縮小産業であることは明白である。にもかかわらず、先述したとおり、国立大学こそ微減であるが、公立・私立大学は、２０００年以来顕著に増加している。これらの大学の半数は定員割れしているというのに、である。私の感想では、先の見通しが暗い大学産業の将来に対する責任を免れようとする文部科学省の意図が見え見えである。旧国立大学の面倒については教員俸給のカットを含めて運営費を減らしながら、一部大学を大学院重点化拠点として指定する、あるいはＣＯＥ（センターズ・オブ・エクセレンス）によるトップ30大学の選別優遇を図るという分断作戦を採る一方で、顧客減による市場淘汰の犠牲者は主に私立大学（必要あれば一部地方国立大学も）から出させればよいという肚に違いない。そしてその間、私が最も期待している大学教育の内容改善に関する動きは全く見られない。「日本再生」、「積極的平和主義」など、内容不明ながら耳に快い政策熟語を連発する安倍総理は、２０１３年５月に、日本の大学教育におけるグローバル化の遅れは「危機的状況」にあるとして、（1）国立大学の教員を１５００人ほど外国人で置き換える、（2）海外の大学への留学生を現行の６万人から12万人に倍増させる、という新政策を発表した。どう考えても、大きな構想の下で練り上げられた政策とは思えない。それでなくとも、縮小ムードで落ち込んでいる大学経営者や大学教師の士気をさらに沮喪させる効果しかない。安倍政権がいよいよ日本の大学教育に見切りをつけたと思われても仕方がないような軽薄な発言である。もっとも、それから間もなく、安倍総理は、世界大学ランキングの上位１００校中に、今後10年間に日本の大学10校を入れる（現在上位１００校中にあるのは東大と京大の２校）という目標を口にした。国民の元気が出そうな政策アイディアを先物で売って支持率を高めるのがお得意らしい。

教育ママという言葉が使われ始めて久しい。この言葉のニュアンスは決していいものではない。母親独特の虚栄心と独占欲から、自分の子供をペットにして母性愛という名の無条件・無制限な偏愛で縛りつけ、子供の社会性の発達を阻害するというイメージが強い。最近では、また一段と表現が激化して、マザゴン、モンスター・マザーという風な熟語も出始めていると聞く。私の印象では、文部科学省の大学政策にも、多分に教育ママを彷彿させるものがある。一言でいえば、とにかく口を出す。そのくせカネは出さないのである。文部科学省の自称「規制緩和」が進んでいるといっても、大学が文部科学省との折衝に費消するカネとエネルギーは夥しい。たとえば、ある平均的大学が新たな講座やプログラムを開設しようとすると、その名称や内容、担当教授の資格等々の審査について、文部科学省との長く細かい事前折衝が必要である。これがクリアーされてから、大学は、いかにも初めて申請したかのような形でお願いを出す。こういう折衝を文部科学省では報告というらしい。何も知らない私が学長のとき、ある事項が最近報告事項になったと事務局長がいうから、「ああ、それなら、こうしておきましたからよろしく」と一筆書いて文部科学省に送っておきなさいといったら、局長は、「とんでもない、そんなことをしたら大変なことになります」と慌てて抗弁した。つまり、報告とは名のみで、実態は許認可と大同小異、文部科学省の指導の下で、事前にＯＫを貰った形式と内容の書類を提出するのである。確かに、記録としては一片の報告書が残るだけだが、大学側の神経の使いようは尋常ではない。そこで、文部科学省との連絡・指導役として、同省のOBを理事として雇う（というより、来ていただく）慣行が生まれる。流通科学大学にも常時一人のOBが派遣されていた。私は学長を引き受ける際の条件の一つとして、文部科学省との折衝は勘弁してもらったので経験はないが、聞くところによると、大学の「格」に応じて、文部科学省側は、局長、課長、係長が応対に出るということだった。いささか脱線するが、「○○大学大学院××学研究科教授」というややこしい肩書きが日本の大学にはある。最近やたらにテレビ出演する大学教師の肩書きとして字幕に出るからご存じの方も多いはずである。外国では「○○大学××学教授」で済ませている。なぜそれがこういう長々しい肩書きになるかというと、文部科学省が大学院教育資格をもつ教員とそうでない教員とを区別するからである。その結果、外国人が聞いたら呆れるような長い肩書きができ、教員たちがそれを身分証明として使用することになった。自明のことだが、この肩書きは「身分」を表すものであって、本人の「実力」を表すものではない。しかし学問に身分は不要である。還暦を過ぎた老教授が後生大事にこの身分にしがみつき、博士号を取得したばかりの新進気鋭の助教授が大学院教育から除外されるという不都合が生じる。こんな有害無益な身分設定は即刻廃止されなくてはならない。日本の大学には、これ以外にも、世間の人には不可解な慣行がたくさんある。教員の移動の際に行われる

「割愛」の儀式（ユダヤ人社会の古い儀式ではない）、「読会」という妙な名前の秘密人事会議、入学時に新入生から徴収する入学金・教育後援会費等々の意味不明の諸経費、3年間で卒業資格をすべて満たした学生にも4年目の授業料支払と在籍を卒業資格として強要する横暴、北緯36度以南のセンター試験会場は、暖房使用一切まかりならぬという妙な規則、試験というとまるでオリンピック競技の審判のように厳格な時計合わせを監督教員たちに強要する大袈裟、これらはすべて文部科学省の采配によるものらしいが、いかにも滑稽で不合理である。不合理なことを不合理だと感じない人間は経済学には向いていない。

私がブリティッシュ・コロンビア大学に勤めていたころ、日本の友人からの依頼で、よく招聘状を書いた。私がよく知っている友人の場合は比較的簡単だが、中には、友人の知己のまたその知己のような人がいて、こういう人について、2、3枚の日本語の履歴書から本人の専門分野を推定し、彼の訪問がいかにわが大学のためになるかを謳いあげ、学部長名で招聘状をデッチあげるのは楽ではない。その上、彼のメールボックスやオフィスまで手当して待っていると、本人が来ない。おそらく複数の大学に網を投げて、どこかもっと気に入ったところに行ったのであろう。大抵の場合、本人からは一片の連絡もない。そのうちわかったことだが、日本の国立大学教員が海外留学する際、文部科学省は、長期出張申請書に希望留学先を2、3記入させ、そのうちの一つから受け入れの承諾書を得ていることを認可の条件としているのであるが、問題はその順序である。文部科学省の場合は、それらが全部整ってから、やおら申請書の吟味を始めるわけである。文部科学省のお役人さんは自分を何様だと思っているのか。つまり、諸々の労力と費用はすべて他者に押し付ける尊大な態度である。なぜ、「申請書に記入されている大学の一つから受け入れ承諾書がいついつの時点までに得られることを条件に、出張を認可します」とできないのか。

私が神戸大学に移籍した際も大変だった。文部科学省は、私の高校以来の学職歴を、一橋大学の卒業、ブラウン大学での博士号取得、大蔵省に数年在籍した事実、ブリティッシュ・コロンビア大学を辞職したという事実に至るまで、私が履歴書に述べただけではだめで、一々当該組織による「証明」を持参せよときた。そのうえ、お前は日本国籍なしのカナダ人だというが、日本国籍を放棄したという証明ももってこいときた。外国に住んでいて、こういうお願いを日本の組織にするのは厄介である。組織の宛先も、手数料がいくらなのかもわからないし、時間がかかるし、第一格好が悪い。腹が立つけれど、こちらの大学はすでに辞職しているし、文部科学省のお役人さんのご機嫌を損ねたら、失業の危険があるから我慢しなければならない。しかも、必要書類を全部揃えたら即許可というならまだましだが、実際はそうではなくて、それから吟味がはじまるのである。そもそも個人主義の国では、本人がウソをついたことがばれると、厳しい罰を与えるが、それまでは、Innocent until prove guilty で事が運ぶ。日本では Guilty until proven innocent なのである。この意味でも、日本は個人主義の国ではないと言わざるをえない。バンクーバーにやってきた日本人の学者さんに、退屈しているに違いないと思って、今週末にシアトルへマリナーズの野球を観に行きませんかと誘ったら、とんでもありません、旅程変更について文部科学省の許可をもらう必要がありますから、ということだった。こんなつまらぬ事にまで口を出す必要などないのではないか。教育の一般論として、過剰干渉がいい結果を生むことはまずない。１９８1年にノーベル化学賞を受賞された福井謙一氏が、とあるエッセイで、ご両親について一番感謝していることは、自分の勉学に関して一切口を差し挟まなかったことだと述べておられたが、私も全く同感である。

文部科学省は大学教育に対して口は出すがカネは出さないといったが、これを端的に証明するのが、公的教育支出の対GDP比率である。OECDが加盟国30国について毎年公表しているが、２０１2年の数字を見ると、日本は、３・６％で、４年連続全加盟国中最下位である。ちなみに、トップには、デンマークが7・6％、ノルウェーが7・5％、アイスランドが7・0％で並び、全加盟国の平均値は5・4％であるという。さらに、教育段階別にみると、小中高だけでは、日本はOECDの平均と同水準であるというから、高等教育の部分だけが、OECD平均を悲惨なほど大きく下回っていることになる。日本の大学教育の平均的品質の劣等さを考えると、因果応報、自業自得ともいえるが、政府を含め、日本社会が大学に何も期待していないことがよくわかる。大学の使命は、若者集団を一流大学卒、二流大学卒、三流大学卒、高校卒という4集団に振り分けることであって、彼らを教育することではないという国民的合意があるわけだ。唯一の国家的資源が人だという国なのに、これはどうしたことか。ともあれ、大学教育に対する公的支出の欠損がそのまま家計の高等教育費負担の増加に繋がっていることは否定できない。これも少子化の一因だと思われる。

関西の平均的私学の一つである流通科学大学は、1988年創立という若い大学であったから、文部科学省との付き合いにかなり苦労したに違いないと同情していたが、当時年間経常予算が50億円の大学だった。これに対して、学生数等の客観的指標で決まるらしい私学助成金の年間支給額は1億円だった。この僅か1億円のために、文部科学省による有形無形の支配と干渉を余儀なくされているというのは、いかにも不合理だと思ったのは日本的システムに馴染みが薄い私だけなのだろうか。

3―3　日本人は経済学に向いていないのか

若年のみぎり、何の必然性もなく経済学に入り込んでしまった私は、既述のとおり、経済学とは何かという原始的問題を抱えて長く放浪した。この間、私を悩ませたもう一つの問題が、本節のテーマである。教員生活の大半を異国人の中で過ごしたことが、私にこの問題をとくに意識させたのであろう。現時点における私の答えは、「向いていない」方向に向いている。以下、その理由を説明する。経済学の起源をアダム・スミスにすべきかどうかは別として、近代の経済学は、時の覇者の「経世済民」の術を体系化することによって発達してきた。覇者が変わり、時代の要請が変われば、経済学の思想も、課題も、解決策も変わる。日本人のように、常に海外を情報源とし、海外の事物を通じて学んできた民族にとって、経済学のように、覇権国の国情によって様変わりする学問は中でも厄介なサブジェクトであったに違いない。もし、日本人が柔軟な相対主義者ではなく、硬骨の原理主義者であったなら、とっくに経済学に絶望したのではないかと思われる。柔軟な相対主義者であってなお、日本人の経済学は「近経」と「マル経」に分裂してしまったのである。私が学んだ一橋大学は近経の拠点と看做されていて、マル経にかぶれた先生方は2、3おられたようだが、公然としたマル経の講義はなかった。経済学とは何かの答えを求めていた私は、3年生のとき、宇野弘蔵先生の出張講義を1年間聴講した。講義のタイトルは、中山先生の看板講義と同じ「経済原論」だった。しかし、中身は何ひとつ共通点がなかった。不毛な対立というものが世の中にあるとは聞いていたが、近経対マル経の対立ほど非生産的な縄張り争いは他にないのではあるまいか。マル経をやる人はアメリカにもいるが、それは個人的信条の問題に過ぎないし、標準的な学部科目を（近経的に）教える義務は他の同僚と全く変わらない。日本の教師のように、教室で自説を述べる勝手は許されない。ところが、党派主義の日本では、それぞれが派閥を作ってしまうから困る。それでも、両者が学生を前に、あるいは学会で、真剣に（たとえば、日本経済の現状分析というテーマで）学問的優劣を競う、あるいは、近経とマル経をアウフヘーベンして一段高い経済学の構築に力を合わせるというなら救いがあるが、競争は、教員ポストの獲得と教員の昇進、それに研究費の配分だけで、あとは、全く没交渉だ。岩波書店が当時出していた経済学大辞典の「資本」の項には、近経版とマル経版の解説が堂々と併記されていた。でも、どちらが正しいの、などという野暮な質問をしないところがガルトゥング先生のいう日本的知的スタイルなのである。宇野先生は授業で「中山君の資本だなんて、へへへ」と笑っておられたが、これでは教育にならない。１９７３年から74年にかけて、私は1年間のサバティカルを東大の経済学部で過ごさせていただいたが、東大経済学部では両派の均衡が成立しているようだった。人脈の知識もない私は、別に意識もせずマル経の先生方とも親しくなった。その中に農業経済を専門にするという先生がおられたので、早速「私がカナダで食べている米は加州米ですが、その小売価格は日本国内の小売価格の5分の1にも及びません。しかも味は全然見劣りがしない。なぜこんなことが起きるのですか」と訊いてみた。私は当然、土地労働比率とか、規模の経済とか、機械化率とか、政府の農業保護政策という常識的な答えがとりあえず飛び出してくるものと予想していたが、「いろいろあるんでしょうねえ」という曖昧な答えしか返ってこなかった。農業経済を専門にするということが何を意味するのかさっぱりわからなかった。この先生は、マル経の世界ではかなり名の通った学者であられたそうだが、ひょっとすると、マルクスの農民窮乏化仮説の実証で名を上げた方で、私が指摘した事実が自説に都合が悪かったのかもしれない。いずれにせよ、こういう分裂がなければ、日本人経済学者の国際的な業績評価はずっと高くなっていたであろうことはまず間違いない。

　近経対マル経という分裂は別にしても、日本人にとって、経済学は、舶来学問を見様見真似でやる居心地の悪い学問である。しかも、バランス感覚が発達した相対主義者であるから、神経が疲れる。かといって、日本人がマルクスのような壮大な普遍理論を創って世界に売り込むという可能性は無ではないかもしれないが、限りなく無に近い。それを実行する知能はあるかもしれないが、そういう野心というか情熱がそもそも欠けているからである。頭ではついていけるが、心が伴わないのである。日本人は骨太の実証主義者でも公理主義者でもない。いわば、印象主義者である。しかも、感覚は繊細だし、作品の仕上げも美しい。戦前期は学習期として除外するとしても、戦後60年間のアメリカを中心にした論文書き競争には多数の日本人学者が参戦し、そのうちの幾人かは、世界的名声を受けるほどになった。とくに１９６０年代には、森嶋通夫、宇沢弘文、二階堂副包、稲田献一、佐藤隆三、根岸隆氏らの論文が、北米大学院のコア理論科目のリーディング・リストに名を連ねた。一流学者の証明は、その論文が著名大学院のリーディング・リストの常連になることである。そのことによって、世界中の何千、何万という経済学徒に名を知られ、それが、将来のノーベル賞への指名投票に繋がる仕組みになっているからである。古典物理学をコピーした新古典派経済学は、その構造が（自然）科学的であり、手法も数学的で、特定国の文化歴史等によって汚染されていないから、見様見真似でやる日本人のような外国人には取り組みやすかったといってよい。そのせいか、新古典派経済学の最盛期であった20世紀後半は日本人の活躍が過去にないほど顕著であった。しかし将来どうなるかは予断を許さない。ひとつ明らかなことは、教育がグローバル化され、世界中の俊才が米英のエリート大学に集まるようになったため、論文書き競争もグローバル化されてきたことである。対外恐怖症の日本人は、とかく内弁慶になりがちだが、何とか努力してグローバル競争に参戦し、成果を挙げてもらいたいものである。加えて、経済学自身の先行き不透明も、経済学者にとっては、心配の種である。

日本人の経済学に対する適性について、私はもうひとつ懸念をもっている。それは、日本人の勤勉実直な性格から見て、日本人は、経済学のような人間科学よりも、自然科学に向いていると思われることである。自然科学は神様相手のゲームであるが、神様は人間を騙そうとか人間の裏をかくとかといった、いわゆるゲーム論的な戦略をお用いにならない。人間が打つ

「手」にはいつも同じ手で返してくださる。だから、人間がいろいろな手を打って神様の反応を記録していけば、徐々に神様の「手の内」が明らかになり、神様に勝つ確率が高まっていく。ライバルの外国人学者が10時間神様相手のゲームをするのであれば、自分は20時間やる。そうすることによって、自分が優位に立つ保証が生まれる。こういう自然科学の特徴が、日本人の性格にピッタリなのである。経済活動の中でも、モノ作りは自然（＝神様）相手のゲームであり、日本人がとくに得意とする分野である。しかし、一般的にいって、経済学のような人間科学においては、人間同士のゲームが幅を利かせる。そして、いったんこの分野に入ると、日本人の活躍は急に凡庸になる。モノ作り能力は世界一だが、ＴＰＰ交渉あるいは領土問題のような人間相手のゲームになると一向に冴えがない。日本史全体を通じて、日本による外交的勝利という事例はいまだかつてないのではないか。一言でいえば、日本人は対人間ゲームが不得意で、なるべくこれを避けようとする性向がある。だから、自分の国を治めるのにも、議論をしない、喧嘩をしない、事後的平等で仲良くやろうという国民的合意を取り付けたのであろうと推察される。しかし、こういう閉鎖的システムは、外国人相手では通用しない。日本人も不向きなゲーム論的感覚を磨いてグローバル競争で善戦しなければならない。というのも、ノーベル賞を得るためには、まず西欧、とりわけアメリカの学界に名を知られなくてはならないからである。見様見真似の経済学訓練は当分続きそうである。

3―4　もっと共著論文を書こう

おそらく他の学問分野でも同じだと思うが、経済学の一流学術誌に掲載される論文の大半を北米の学者が書く。論文の引用回数による北米学者の比率は7割に上るといわれる。確かに、論文書きの圧力は北米が一番高い。若く野心的な学者が世界中から集まってくる。北米の大学院には、きちんとしたサーヴェイ科目が配備されており、また、論文の書き方を教える先生方も多い。でも、それだけでこれほどの優位を達成できるものなのか。私の考えでは、もうひとつ重要な差がある。北米の学者ほど共著論文を多く書く学者集団は他国にはいないのである。

日本経済華やかなりし1980年代、アメリカ人は日本人に対する恐怖心を募らせた。日本製品が世界を席巻し、自動車をはじめアメリカ人の誇る基幹産業が次々に日本企業によって窮地に追い込まれた。アメリカ人は日本の攻勢を「白蟻戦術」と呼んだ。顔の見えない小さな動物集団が根こそぎ自分たちの経済を食い荒らすという意味の差別用語である。それはともかく、日本経済はなぜこれほどに有能なのかを知ろうとして、日本経済に対する関心が急に高まった。北米のほとんどすべての大学の経済学部が「日本経済論」という名の講座を開設し、必死の勉強を始めた。わがブリティッシュ・コロンビア大学でも、学部教授会で「やろう」と決まり、みんなが私の顔を見た。私が唯一の日本人（国籍ではなくて人種として）だから、全員一致で私の担当と決まった。いい加減なものだ。私は、明治維新から戦前期の経済発展論を担当したが、この大学は、香港、中国、韓国、インドその他のアジア諸国からの学生が多いこともあって、登録希望者が殺到し、やむなく60名限りというシーリングを設定した。空いている教室の収容能力のせいである。幸い、私の同僚で開発経済学の専門家であるM・エスワラン君とA・コトワル君が新古典派的手法を用いて経済発展プロジェクトの実践過程に潜むいくつかの落とし穴とその回避法を初心者向きに解説した研究書（後にオックスフォード大学から出版。永谷訳『なぜ貧困はなくならないのか』、日本評論社、２０００年）を脱稿したところだったので、その草稿をまず復習し、そのあとで日本が多くの途上国を苦しめるこれらの落とし穴をいかに回避し、発展に成功したかを説いたが、大いに好評であった。以来四半世紀、北米における「日本経済論」の教室は今では閑古鳥が鳴いているという。アメリカ人は、日本経済の成功の秘密をその集団的エトスに見出した。しかし、独善的なアメリカ人は、だからわれわれも日本人のようにやろうとは考えない。日本人の一致結束した集団的行動を「アンフェア」だと断罪し、ますます敵意をあらわにした。要するに、彼らの議論は、集団主義が彼らの競争的個人主義の美学に合わないというだけなのである。

そこで、私は、まず同僚の連中を啓蒙しようと思って議論を吹きかけた（といっても酒の席に限ってのことだが)。君たちは日本人の集団的行動がアンフェアだというが、アンフェアとは、集団的行動が競争的個人の行動よりも効率がいい、つまり、後者には穴というか隙があって、それを前者、すなわち、集団的行動が利用する結果生じるものではないのか。それに、北米にだって、集団行動一般を禁止する法律などないではないか。私が思うに、競争的個人主義で運営される経済は、こと情報の生産・利用に関する限り、非能率な制度である。だから、情報的にもっと効率的な集団主義行動に太刀打ちできないのだ。私は、この事実を例証するため、簡単な「宝探しモデル」を創った。ある社会が、価値の高い宝物(たとえば新技術)を手に入れたいと思っている。この宝物の価値をWとしよう。宝物はN個の「区画」のどれか一つにあることがわかっている。個々の区画に宝物があるかどうかは探索によってわかるが、探索には費用がかかる。一つの区画を探索する費用をCとする。どの区画に宝物が埋まっているかという確率は均等である、つまり、任意の区画に宝物が存在する確率はN分の1である。ここで、社会が採りうる選択肢として、個人主義戦略と集団主義戦略とを考える。個人主義戦略とは、この宝探しというプロジェクトを市民に開放し、やりたい個人は費用Cを払って参戦し、もし当たれば、Wの利得を全部自分のものとするという戦略である。集団主義戦略とは、参加条件として、複数の個人がチームを組み、費用は各自払いだが、賞金はチーム内で均等に分配するという仕組みである。どちらの戦略がより効率的であろうか。数学的に言えば、個人主義戦略は集団主義戦略の特殊ケースに過ぎないから、n人チームのケースを調べればよいのであるが、ここでは解説の便宜上、個人主義戦略から始める。自分ひとりで参加する個人にとって、Wを得る確率はN分の1で費用Cは確定的である。だから、彼の期待利潤はWをNで割ったものからCを差し引いた額になる。では、n人チームの一員になった個人の場合はどうか。チーム内の情報は共有されるから、キャプテンはn人のメンバーを当然n個の異なる区画に配置する。チーム内の個人にとって、チームが宝物を当てる確率はN分のnと高まるが、賞金をチーム内で均等分配するから、彼の取り分はWではなくて、Wをnで割ったものになる。期待利得は取り分に確率を掛けたものであるから、結局、WをNで割ったものになる。他方、探索費用は自分持ちだからCで変わらない。つまり、期待利潤は個人主義戦略の場合と同じになる。変わるのは、個人が直面するリスクの大きさである。リスクを利潤の分散で測ることにすると、参加する個人が直面するリスクは、チームの規模nが増えるとともに単調に減少することがわかる。人間が危険回避的嗜好を持つ限り、個人にとって集団的戦略の方が個人的戦略よりも魅力的であることになる。ということは、個人主義戦略の下では誰も手を挙げないプロジェクトでも、集団主義の下では、実行可能になることを意味する（しかも、集団主義下のデシジョンは常に個人主義下のそれよりも社会的最適に近いことを簡単に示すことができる）。「みんなで渡れば怖くない」という俗説は正しいのである。では同じn人が2つの戦略の下で探索する場合の探索活動の相対的効率について何がいえるか。この答えも、集団主義戦略に軍配を挙げる。その理由は、チームの方が情報利用の効率が高いことによる。先述したとおり、キャプテンは、n人のメンバーをn個の異なる区画に配置する。つまり、仕事の合理的分担が行われる。この簡単なことが個人主義戦略ではできないのである。競争的個人主義においては、個人間の情報交換はない。だから、複数の個人が同じ区画を繰り返し探索するという無駄（research ではなくて re-search）が必然的に発生する。この無駄が、社会的見地からみたプロジェクトの成功確率を低下させるのである。同じn人を投入しても（つまり、同じ費用を投じても）、個人主義戦略は集団主義戦略に比べ、成功確率が低いという意味で非効率だと結論できる。特殊ケースとして、$n=N$（区画数に等しい人数を投入する）の場合を考えると、集団主義戦略の下では成功確率は当然1になるが、個人主義戦略では、成功確率は0・75（区画数$N=2$の場合）と0・632（Nが非常に大きい場合）の間に留まる。

私がこういうと、こんな集団主義は機能しない、なぜなら、チームに入った個人がさぼるからと反論する。そこで私は、北米の学者が一番共著論文を多く書くという事実を突きつける。私が学者になりたての頃は、一流誌の論文はほとんどが単著であった。テニュアや昇進審査の際には、単著論文だけが適格とされ、共著論文は無視されていた。ところが、1970年代の中ごろから大学産業の成長が止まるとともに、教員の待遇改善が止まり、教員に論文書きの圧力が強まってきた。すると途端に、共著論文でもいいという風潮が生まれ、さらに、共著論文が書ける教員は協調性があるから単独でやる教員よりも望ましいというコペルニクス的基準転換が起きた。論文発表への需要が高まれば、スペースの供給も増える。私が院生だったころは、5、6種の学術誌を読んでいれば済んだが、今ではアメリカだけでも100誌以上ある。ルールというものは何といい加減なものではないか。それはさておき、共同研究をして共著論文を書く方が、一人ひとりでやるより効率がいいことは、上記のモデルが示唆する通りである。君が共同研究者だとして、君はさぼりたいと思うか、思わないだろう、と説得を続けたものである。

私の印象では、日本の大学教員の方々は概して、各人が自分の城に閉じこもり、同僚との知的交流を避けようとする傾向がある。この慣行を打破することがいま一番望まれることであろう。同僚との日常的議論や情報交換が学者の生涯に及ぼす影響は計り知れない。第1に、各人の学識が広がり、感性が鋭敏になる。第2に、ひとりで思考することから生まれる偏見や誤謬がチェックされ、矯正される。ケインズが『一般理論』の序文で述べていることだが、経済学のように理論的あるいは実証的に決定的なテストができない非実験科学においては、ひとりで思考し続けると、とんでもなくバカバカしいことを信じてしまうものである。私もこの意味で特に耳がいい方ではないが、それでも、同僚あるいは学生との何気ない会話の中で、ハッとさせられたことが数えきれないほどある。そのたびに心中で相手に手を合わせたものである。職場での人間関係は難しい。しかし、気の合った同僚との知的交流ほど楽しく有益なことはない。日本の企業や官庁の仕事ぶりが国際的に高い評価を得てきたのも、組織内部での情報流通が円滑であり、各人の分際が明確にされていて、オン・ザ・ジョブ・トレーニングの効率が高いせいであったと思われる。第2部で述べた大学教育の客観化・標準化のためにも、また、教員集団自身の活性化のためにも、ぜひとも日本的集団主義の長所を活用してもらいたい。そのためには、まず大学に毎日やってきて、同僚と、あるいは学生と、学問の話をする習慣を身につけることである。そうすることによって、講義の技術も向上し、新しい論文のアイディアも湧いてくる。共著論文がもっと書けるようになる。研究で活性化された頭は講義能力も高めてくれる。よりよい大学教育の成否は、ひとえに教員の意識改革にかかっているのである。

3―5　教育の目的は学生から最大限の努力を引き出すことである

こんなことをいうと、お前はそれでも経済学者かと笑われそうだが、私は真面目にそう考えている。私は、学生の苦労を軽減してやるのがいい教育だといわんばかりの今日の風潮に我慢できないでいる。この風潮の背景には、笑うべき似非経済学的発想がある。それは、教師から学生へ移転される情報価値の大きさをもって教育産業の生産高あるいは売上高とする反面、その費用として、学校の維持管理費、教材費、教師の給料などとともに、学生が学習に費やす努力量（＝非効用）を含め、利潤（＝売上高マイナス諸費用）を最大化しようとする営利企業の発想である。一定の売上高に対して、費用を減らすことができれば、それは教育事業の進歩であるとするビジネス的発想であるが、これが教育に与えた負の効果は甚だ大きい。学生の努力投入量は教育産業の一費用項目ではなくて、その最大化こそが教育の目的なのである。そのことは、教師から学生への情報移転の実態をつぶさに考察してみればわかる。教師が学生に何か新しい情報を提供したとき、その情報が学生に「移転」されるのは、学生がその情報の中身を自分なりに理解したときである。学生の理解度は区々であり、誤解も頻繁に起きる。学生が情報を聞き流した時点では、移転は全く起きていない。学生がいろいろ頭の中で（あるいは級友たちと）ああでもない、こうでもないと情報を反芻し、やっと情報の移転が始まるのである。試験というものは、情報移転の度合いあるいは精度を確かめる作業にほかならない。移転の精度を高めるもっとも本質的な投入物は、学生の努力である。問題は、教師が学生に最大限の努力を投入する誘因を与えうるかどうかである。情報の移転を実現するのは学生である。教師はその手がかりを提供するに過ぎない。というのも、情報の移転は非常にパーソナルな事象であるから、多数の学生を相手にする教師が彼等全員のためにできる作業ではないからである。教師にできることは、提供する情報の価値の高さ、謎の深さ、将来の発展性の大きさ等について学生の脳を刺激し、発奮させ、やってみようという気を起こさせることである。こうなって初めて情報の移転が実現するきっかけが生まれるのである。情報移転のカギは感動であるといってもよい。そして、学生に感動を与えるのは教師の情熱である。真の情報移転が完成するのは、学生が1週間考えに考え抜いて遂に理解したときだけであって、それ以外の情報は左の耳から右の耳へ通り抜けるだけである。理解という現象は不思議である。ある問題に対する投入努力量を横軸に、問題の理解度を縦軸にとると、ある努力量までは、理解度0が続く。しかし努力を続けていると、それがあるとき突然かつ不連続的に、1に飛躍にするのである。問題の難易度に個人差はあるが、われわれがみんな学校時代を通じて2、3度は経験する人生最高の興奮と達成感の瞬間である。やや誇張していえば、この飛躍を経て体得したことだけが真の理解なのであり、もう一度この興奮を味わってみたいという願望が学生をさらなる努力に向かわせるのである。

現代日本の「学生にやさしい」教育では、学生を飛躍点まで誘導できない。現代の進歩した教育理論でとくに気がかりなのは、反復ドリルという訓練法に対する否定的見方である。いわく、反復ドリルは創造性を阻害する、時間の浪費だ、云々。この理論がいかに馬鹿げているかはスポーツにおける「筋トレ」をちょっと考えてみればわかる。筋トレの本質は終わりのない反復訓練である。筋肉を限度まで鍛え、その基礎の上に技術をこれも反復練習によって磨く。これを何年も継続してやっと才能は開花する。それ以外にオリンピックのメダルを勝ち取る秘法などない。「脳トレ」も筋トレと本質的に同じトレーニングである。学生の投入努力を減らす科学的・合理的教育技術が脳トレ作業を成功させると考えること自体甚だ滑稽である。教師の務めは、学生を厳しい脳トレに自発的に誘い込む誘因を与えることである。

これは大学だけの問題ではない。むしろ、小中学校段階で重要なことではないかと私は自分の経験から感じている。私の小中高校時代（1943—55年）は戦中戦後のいわゆる混乱期で、戦時中は男の先生はみんな戦争に狩り出され、多数の女学校（旧制）生徒が代用教員として教鞭を採っていた。終戦になると、復員兵士が街に溢れ、その中から、生きていくための必要上想定外の教師になってしまった人も多くいた。年齢も服装も経歴もさまざまな先生たちがアメリカ式の新制度下の学校で教鞭を採ったのである。私が教わった先生方の中にも、ピアニストあるいは医者としてのキャリアを夢見ていながら敗戦で方向転換を余儀なくされた若者がいた。ピアニスト志望のY先生は、自宅から蓄音機とクラシック・レコードを持参し、曲の解説とともに、われわれ生徒に名曲を聴かせてくれた。音楽を愛する先生の情熱が間違いなく生徒に伝わった。当時の同級生の多くが数十年経ってなおこの授業の情景を覚えていることがその証拠である。医者志向だったA先生は、長期間ソ連に抑留され、帰国後教師免状を得て歴史の先生になった人で、話術も抜群だったが、人間ができていて、長く生徒に慕われた。こういう方向転換型の先生方は、現在の大学教育学部出身教師のように体系的訓練は受けていなかったかもしれないが、挫折を体験した分だけ人生経験が豊富で、人生に対する考え方も熟達していて、子供への接し方も上手だった。私はA先生から世界史を教わったが、歴史上の人物にまつわる逸話の数々を含めて、何と楽しい、しかも記憶に残る1年であったかと今にして思う。私が一橋大学を受けると聞くと、A先生は黙って英語の世界史読本を貸してくれた。この2人の先生の他にも、記憶に残る先生が数人居られた。これらの先生方に共通している特技は、生徒を「乗せる」名人だったという点である。巧みなイントロで生徒を引き込み、質問を抱かせ、答えを与えるタイミングを計りながら、生徒が自分で答えを見つけた形にもっていく。生徒たちも知らぬ間に脳を絞り、最大限の努力投入をやってしまうのである。

ところで、「最大限の努力」という場合、目安となる数字はあるのか。マルコム・グラッドウェル著『アウトライアーズ』（大成功者たちという意味。リトル・ブラウン社、2008年）は、「1万時間仮説」を唱えている。彼によると、古今の大成功者は、モーツァルトにせよ、ビル・ゲイツにせよ、例外なく1万時間というとてつもない時間数を形成期の数年間に自分の選んだ道に投下しているという。1万時間といえば、数年間寝食を忘れて一事に没頭してやっと到達できる数字である。1日4時間、休日なしで頑張っても7年かかる計算になる。こんな集中力をこんなに長期間維持できる若者はごく稀だと納得がいく。大成功者が少ないわけだ。グラッドウェルは学者ではなく、ジャーナリスト上がりの作家であるから、本書も気楽な読み物になっているが、彼の唱える1万時間仮説には、一片の精神訓話としても、少なからぬ教育価値があるように思われる。この仮説を知れば、多くの中高生が発奮するであろうと期待される。

教育は世界中で大問題になっているが、私の印象では、日本の教育の拙さがとくに目につく。その一番深い問題は、繰り返しになるが、国の教育政策が生徒・学生の学習努力の軽減にひたすら邁進していることである。第1は日本語。ひらがなで済むところは漢字を省略し、ひらがなで済まそうとする。しかし、漢字を一つ減らすごとに、その漢字を使った熟語のいくつかが消える。こうして、若者のボキャブラリーは乗数的に減少した。また、漢字の中でも「難しい」漢字は自動的に仮名にする。その結果、表意文字としての漢字がもつ心理的効果も消え失せた。たとえば「警察」という熟語は、一種の威圧感を見る人に与える。それが教育効果をもっていたのである。小学生でも読めるようにと、「けいさつ」と書くのではだめだ。そもそも、子供は難しい物に挑戦したいという欲求をもっている。小学生だって警察くらい読める。漢字軽視の政策が生み出したもう一つの悲しむべき現象が、目障りかつ時に意味不明な「混ぜ書き」の氾濫である。「同せい」、「破たん」、「胃ろう」、「腹くう鏡」等々、枚挙にいとまがない。こういう愚行を率先して行い、平然としている新聞の罪は重い。漱石・鴎外が読めない若者世代を造ったのは新聞の責任である。新聞は、きちんとした漢字熟語を使ってほしい。必要があれば、ルビを振ればよい。国民の教育レベルが今よりずっと低かった明治時代の新聞・雑誌が安易な仮名書きを避け、コストの嵩むルビ振りを選択した気概を想起してほしい。漢字を沢山詰め込ませると、もっと大事な他のものが頭に入らなくなるという発想くらい馬鹿げた考えはない。人間の頭は戸棚とは違う。戸棚なら確かにくだらないものを詰め込むと、大事なものを入れるスペースがなくなるが、頭は理解という名の整理整頓をするし、使うことによってスペースを増やす機能ももっている。

上述した漢字軽視よりももっと重大なのが日本語そのものの軽視である。私のように外から日本を訪れる人間にとって、街で聞こえる日本人の日本語会話、テレビのバラエティ番組の雛壇に座っている「タレント」たちの日本語の拙劣さ・下品さ、街頭でインタビューに応じる市民の尻切れ日本語、大学生の答案に見る日本語になっていない日本語は、大学教育以前の国語教育の重大な欠陥を示している。少し誇張していえば、日本人の多くは、今や日本語の文章をきちんと完結できなくなってしまった感がある。日本人は日本語をバカにしている。日本人なら訓練しなくても生まれつき日本語ができて当然と思っている。そんなことはない。鷲の子供は母親が課する厳しい飛行訓練を経てやっと飛べるようになる。アザラシの子供も母親の辛抱強い潜水訓練でやっと泳げるようになる。子供もそれができなければ生きていけないことを知っている。ところが、日本の母親（教師も然り）はというと、子供をペット扱いにし、幼児に対して幼児語で対応する。ボキャブラリーは最低だし、言葉に未熟な幼児が、文章の途中で語尾を伸ばして次の単語を探す様が「かわいい」といって親が真似る。「AはBなんで……」で文章を止め、相手の合意を促すようにクビを激しく縦に振る大人がいかに多いことか。先述した数学のハルモス教授の言を待つまでもなく、言語は単なるコミュニケーションの手段ではなく、思考の手段でもある。日本語の文章を完結する訓練を受けていない日本人は、思考能力においてもすでにハンディを背負っている。まずきちんと一つの文節で命題を述べ、その理由（証明）を次の文節で開陳し、最後に、命題の重要性について3番目の文節で強調するといったような作業において、日本語能力が決定的役割を果たす。大人（教師だけでなく、親も）は子供に対して常に立派な大人の日本語で対応する、これが国語教育の基本でなければならない。日本では、それが実行されていない。最近就活学生に手書きのエントリー・シートを要求する企業が増えていると聞くが、遅きに失する。政治家は機会あるごとに、英語教育の充実（小学校からの導入など）を訴える。しかし、日本人にとって重要なのは、脳トレの手段としての日本語であって、英語ではない。日本語ができない人間が英語に堪能になることなど不可能であるし、たとえなれたとしても意味がない。論より証拠、日本人は英語の単語をやたらに使いたがるが、一つの文章が完結できないから、何の役にも立たない。情報理論のタームでいえば、日本人の英語は、単なる「断片的データ情報」の寄せ集めに過ぎないし、カタカナ英単語のアクセントは半分くらい間違っているから、いくら詰め込んでも使い途がない。言語には共通性があって、日本語がきちんとできれば英語もやさしくなるという面がある。だから英語はあとでやればよい。

学生の日本語訓練を妨げるもう一つの悪習は、大学教師が講義や試験で用いるキーワード中心の教育である。ひょっとすると、大学だけでなく、小中高でも同じかもしれない。大学の試験は、大抵、機械採点が可能なマルチョイ式である。講義でもＩＴに慣れた若い先生方の多くは、パワーポイントと称して、真っ暗な教室にスクリーンを張り、そこに箇条書きしたキーワードを羅列して映し出し、それらを一つひとつハイライトさせてなぞり読みをして講義とする。学生は教師の顔も見ず（暗くて見えない）、箇条書きをノートに写す。私語があちこちで聞こえる。彼らが頭を使っていないことは明白である。情報の移転など全く起きていない。書き写したノートを帰宅して読んでも、現場で講義をフォローしていないし、講義自体がロボット講義だから、何の役にも立たない。天邪鬼の私は、エッセイ式の試験をできるだけやったが、そこで発見したことは、どんな問題を、どれだけ時間を与えて答えさせても、学生諸君は5行以上の答案が書けないということだった。私はこれを「5行の壁」と呼んでいた。彼らはエッセイの型（たとえば、起承転結）はいうに及ばず、物事を論じるということの意味も知らない。書評を書かせれば、面白かった、あるいは、驚いた、の一言だけ。これでは論文はおろか出張報告も危ない。

生徒・学生の学習作業を楽にするための第2の悪弊は、難しい議論を避け、結論だけを四角で囲んで記憶させるという子供じみた教育技術の蔓延である。中でも、数学教育における「証明」の省略は最も致命的である。教育作業のマニュアル化である。コンピューターや電気機器のマニュアルの存在理由は、ただひとつ、ユーザーが頭を使わないで済むようにすることである。なぜそうなるのかわからないが、言われた通りにやるとうまくいくというのがマニュアルなのである。しかし、学問・教育から、「なぜ」がなくなったらお終いである。流通科学大学に在任中、毎年入試面接に狩り出された私は、高校の教科の中で得意な科目は何かと訊いて、数学ですと答えた学生にだけ、ピタゴラスの定理って何と質問することにしていた（同席していた若い同僚が、今は3平方の定理というのですと私に囁いた。ピタゴラスなどという古代ギリシャ人の名前を覚えさせるのは酷だというのであろうか）。私としては、定理の中身をざっと口頭で説明させ、なお余力がありそうな学生には、その定理の証明の仕方を知ってるかと訊く予定であったが、4年間で定理の中身がおおまかにでも答えられた学生は1人もいなかった。読者の方々もご記憶があると思うが、昔は、ピタゴラスの定理の証明は、中学校レベルで少なくとも

1通り（通常2通り）は教えられたものである。私は信じたくないが、生徒の負担が増えるから証明など今は教えないのだという。そういえば神戸大学ほどの大学でも、今述べた命題の証明をやりますといったら、先生の言うことを信じるから、七面倒くさい証明など勘弁してくれと哀願されたことがある。こんなことは今まで聞いたこともない、なぜ学ばなければならないのかと怒る学生もいた。万事マニュアル化された教育システムで、枠で囲まれた命題を無批判に覚え込む「勉強」だけをしてきた大学生が頭を使うことを嫌がるのも無理はないが、こんなことをしていては、国が滅びる。毎年行われる中学生の国際学力コンテストでも、日本の中学生は、記述式問題にとくに弱いという。日本語が不自由なのだ。これでは、会社で上司に仕事上の宿題を仰せつかっても困るだろう。

3―6 受験勉強を3年やったら、頭が腐る

自分がその渦中にあった高校生当時から、私はこう思っていた。受験勉強というものがいかに不毛であり、若い心にとって有害であるかを私なりに説明するとこうなる。弊害の第1は、権威に対する従属心の助長である。大学入試問題の解答の正否に関する最終決定権は出題者にあり、受験生には質問権も抗議権もない。この事実が若い心に権威に対する隷属心を生む。試

験の合否が一生を左右すると思えば受験生の心はますます萎縮する。若者は、好奇心に導かれて勉強するのではなく、権威の嗜好に阿る術を身に着けようとする。つまり、出題者の好みを推測し、それに答えを合わせようとする。こういう問題にはこう答えるのですという風に。若者の心を卑屈にさせる、これが受験勉強の最大の弊害である。弊害の第2は、試験に出ない問題は存在しない、学ばなくてよいという無責任な処世哲学の習得である。私が一番嫌いな質問は「これ試験に出ますか」という質問である。この質問を聞くたびに私はその学生を軽蔑し、こんな奴は1日も早く大学から消えてくれと祈ったものである。この種の学生は、点取り虫ではあるが、知的好奇心が欠けていて、とても大学教育を受ける資格のない学生である。人種的発言ととられる怖れがあるが、私の経験によれば、この質問をするのは決まってアジア人学生（ブリティッシュ・コロンビア大学はとくに香港人学生が多かった）だった。アジア人はどこか幼稚で、権威に弱く、暗記戦術に頼るという印象を私はもっている。これも受験競争が植えつけた症状のひとつに違いない。日本で教えた大学生にも香港人学生と似た体質が感じられた。弊害の第3は、80点満足主義人生哲学の助長である。およそ試験というものは、80点取れば必ず合格する。それ以上の得点を得るための限界費用は一般にすこぶる高く、反面、その限界便益は、こと試験の合否に関する限り、ゼロである。受験競争で飼育される若者は当然この事実に敏感であり、それ以上の成績を得る努力をすることはない。しかし、本当の意味での勉学の目的は、物事の100％理解であるべきで、学生が真の意味で物事の学び方を学ぶのは80％を100％に押し上げる過程においてであって、この目的に沿わない制度はいい制度とはいえない。

受験勉強の弊害の第4は、内容に発展性というか将来役に立つという意味での応用性が欠落していることである。本当の意味で受験生の頭を使う性質の勉強ではないといってもよい。受験勉強は過去の大学入試問題を中心として行われる。試験の合否が受験生の人生を左右するわけだから、問題および解答に客観性が求められる。正解が何であるかがわからない、あるいは、正解が2つあるというような問題はいい問題とはいえないとして棄却される。残るのは、誰が見ても正解が明白という子供だましの問題である。大学入試問題は文部科学省が定めた高校の教科内容の範囲を超えてはならないという制約もある。こんながんじがらめの制約の中で作成される無難な問題には質・量ともに限界がある。問題の範囲と形が決まってしまう。数学でいうなら、たとえば、直線と放物線の式が与えられているとき、両者が交叉する条件や座標を求めさせる問題は大学入試の定番らしいが、こんな問題は1回解いてしまえば、あと何回解いても学ぶことは全くない。数学だけでなく、国語、歴史、社会等他の科目でも似たような無味乾燥な問題だけが生き残る。試験問題の逆淘汰だ。これは、日本で数回センター試験の張り番をしながら問題を読んで得た感想である。およそ、若者が2年、3年という長い年月を「青春の喪失」という形の非常に高い機会費用を払ってまで格闘すべき作業ではない。否、むしろ、やればやるだけ頭が退化する怖れがある。しかも、事態は昔より悪化している。昔は、問題も解答も記述式で採点者も生身の人間だったから、上記の直線と放物線の交叉問題において、交叉点の座標計算が間違っても、その手順をきっちり説明さえしておけば、大過なかったが、今はその数値を記号で答えるだけで、機械採点だから、計算を間違えれば得点はゼロである。つまり、受験生は、受験勉強を通じて何かを学んでいるのではなく、こういうごく些細なことに神経をすり減らしているのである。こんな非生産的な勉強を3年やれば、脳は絶対ダメになる。日本の大学生の大多数の目が死んでいるのは脳がダメになった証拠である。日本では大学全入時代がすでに到来している。こんなつまらぬ受験競争など存在理由が乏しい。個々の大学による入試は止めてセンター試験1本にするという提案もなされているが、肝心のセンター試験の内容が受験生の脳を刺激し、臨機応変にその性能を試す性質のものではないから、センター試験1本となると、ますます要領のいい秀才型が得をするようになるだろう。

北米の大学が入試選考に使うのは、市販の、ただし、かなり権威のある適性テスト（経緯をよくは知らないが、プリンストン大学監修のテストが多い）であるが、これは、高校の教科をどれだけよく理解しているかという後ろ向きのテストだけでなく、知能テストや頓智問題らしき問題も含まれている。これを足切りに使って、自前の試験をおこなう大学も一部にあるらしいが、こちらの大学は、入れても卒業が保証されないシステムだから、重点は入学後の学習能力にあって、その分だけ入試のウエイトは低い。日本の18歳で人生が決まる制度は学生を管理する誘因構造としても最悪である。入試をもっと簡単にできないものか。後ろ向きテストはセンター試験でいいとして、受験生の思考能力を試す試験が望まれる。上述した直線と放物線の交叉条件と座標計算などよりも、たとえば「琵琶湖の面積を君ならどうやって求めますか。具体的に説明しなさい」という記述式の問題の方が、受験生の数学的思考能力を試すにはずっと効果的である。世界史でも、「18世紀の西欧世界を概観しなさい」という風な問題の方が、受験生の脳の性能を測る目的からすれば、重箱の隅をつついたような問題よりもずっといい。それに日本語能力もわかる。要するに、記憶に頼る入試制度から受験生の思考力を試す試験制度への移行が一番求められているのではないだろうか。大分前、文部科学省が「ゆとり教育」なるものを提唱し、全国の小中学校に導入したが、惨憺たる結果に終わった。いい意味の遊び心を養おうという発想から出たもので、アイディアとしては悪くなかったが、受験競争制度をそのままにして導入したから、失敗したのである。受験勉強に追われる生徒たちにとっては、試験に出ない問題は存在しないわけだし、上の学校への入試合格率で勤務評定される教師にとっても、課外活動などにエネルギーを割く誘因がゼロであったのである。新政策の導入に当たってその支持が得られるような誘因構造を策定することは経済学の常識である。文部科学省のお役人さんももっと経済学を使ってほしいものである。

２０１３年10月、政府はセンター試験を廃止し「達成度テスト」を導入する考えを公表した。変更の内容も理由も私にはよくわからない。また朝令暮改が始まったのではないかと心配である。日本という国は、大学入試というと、異常な熱意を見せとにかくいじりたがるが、入学した若者たちをいかに教育するかという重要問題は相変わらず放ったらかしである。いっそのこと、入試は各大学に任せた方がいいのではないか。おかしなこと、非常識なことをしでかした大学は週刊誌に書き立てられてすぐ淘汰されるから、さほど心配する必要はない。しかも、各大学の教員集団の能力テストにもなる。繰り返しになるが、理想的な入試問題は、受験生の脳の性能（物事の理解力、判断力、応用力、想像力、表現力）を試すものである。達成度テストがそれを目指した改革であることを祈りたい。

こういう風なことを徒然なるままに考えていると、60年前、受験参考書に載っていたちょっと面白い数学の問題を一つ思い出した。「3で割れば2余り、5で割れば3余り、7で割れば4余る自然数を求めよ」というのである。求める自然数Xが存在するとすれば、Xは一つではなくて、3と5と7の最小公倍数＝１０５ごとに現れる。まずこの事実に気づくことが大事である。残る問題は、具体的なXの値を一つ見つけることだが、それは1から１０５の間にただ一つあるか、一つもないかのどちらかである。もし一つもなければ、求める自然数は全く存在しないことになる。もしあるなら、1から105までの数を調べれば見つかる。簡単なチェックでそれが53であることが判明するから、答えは「53＋105k（ただしkはゼロまたは任意の自然数）」となる。「答え＝53」という答案では合格できないことはいうまでもない。常識的で、記憶に頼らず、答えが無限にあって、かつ論理的な思考力を試す問題として、ご紹介した。

3—7　経済学教育の基礎は常識である

日本を含め、東アジア諸国からの学生が概して点取り虫ではあるが、知的好奇心に欠け、暗記能力は高いが、応用能力が不足しており、年齢相応の常識をもっていないという意味で幼稚であるという印象を私がもっていることはすでに述べたが、私は、その原因が受験競争にあると思っている。短絡的な教育ママ族が、子供を世間の「雑事」から隔離して無菌教育をするせいで、世間知というか、社会的常識が著しく欠けた若者が大量生産されるのだと思われる。しかも、受験勉強で身につける学識・素養が将来本人の人生にとって大いに役に立つというのならまだしも、やや誇張していえば、全く無益なものであるから、受験競争の純機会費用はすこぶる高い。常識と社会性の喪失を受験勉強の弊害の第5に挙げておきたい。とくに、経済学を学ぶという観点からすれば、受験競争ほど有害なものは考えられない。というのも、経済学は、数学のように人生経験を必要としない純粋論理学ではなく、夜空を眺めて宇宙の神秘に魅せられるというような子供でも夢と感動を味わえる学問でもなくて、極めて卑近な日常生活に関わるものだからである。大学全入時代もすでに到来したことだし、受験勉強というもののウエイトを減らし、あるいは廃止すべき時が来ているように思われる。私が流通科学大学で遭遇した、新聞程度の日本語が読めない（したがって新聞さえ読まない）学生、算数さえできない学生、親の年収も自分が近い将来受け取る初任給がどれくらいかも知らない学生、持ち帰りテストをすれば、提出時間ぎりぎりまで廊下に多数で座り込み、友人の答案を写し合って恥じない学生、大学の理事をしていただいている社長さん方からは、「挨拶ができない、時間が守れない、動作が鈍い、社会生活ができない」と酷評される新大卒、こういう大学生を大量に生産する教育システムは何か重大な過ちを犯している。それは、教育とは子供をまともな大人に育てる作業だという万古不易の「常識」を失ったことである（私が流通科学大学をしばしば槍玉に挙げるのは、私の日本での教育経験の大半がこの大学で生まれたからであって、流通科学大学が飛び切り質の低い大学だからではない。流通科学大学は関西地方の私学の中では平均的な大学だと私は思っているので、よろしくご了解いただきたい）。

経済学教育の最初は、正月にもらうお年玉をいかに消費と貯蓄に配分するかという選択問題を体験させること、毎年1回、子供に「お前は大きくなったら何になりたいか」と尋ね、将来を考えさせるきっかけを作り、答えが何であろうと激励してやること、そして家庭という生活共同体の経済的側面を学ばせることである。とくに最後の家計問題は重要である。子供を時々（気分転換に）スーパーに連れていき、買う物を棚から取らせる。子供は自然に物の値段と品質の見分け方を習得する。子供の頭の中に、わが家族を1か月養うにはどれくらいのおカネが必要かという疑問が湧いてくる。父親の月収はどれくらいか、母親のパート収入はどれくらいか、もし父親が病で倒れたら、家族の生活はどうなるか、そのとき自分ができることは何か、という風にして、家庭の経済面に関心をもつようになる。とくに重要なのは、子供である自分にできることが非常に限られているという認識である。新聞配達あるいはファスト・フードの店で働いたとして、時給は僅か数百円である。おカネの大切さを実感する。とりわけ、自分の「分際」がいかに小さいかを知る。大人になる前に、この小さな分際をできるだけ大きくしたいという願望が生まれる。封建時代の分際は身分社会が各人の行為能力を限定するために定めた桎梏であったが、今はそんなものはない。当世の分際は、能力と同義で、自己（教育）投資によって拡大することができる。この事実に子供が気づくと、夢と目標が生まれ、子供の成長発達のテンポが加速される。世界一の富豪ロックフェラー家では、昔からすべての男児に新聞配達をやらせたということだが、これは、子供に自分の小さな分際を実感させ、また、継続的努力の重要さを身体で覚えさせるという意味で、理想的な経済学教育であった。スーパーやデパートは市場経済に出回るモノの値段を知るうえで、重要な情報源である。買物マニアになってもらっては困るが、休日の社会教育の場として大いに利用すべきである。経済学、エコノミックスの語源はギリシャ語の oikonomos（oiko = house, nomos = law）だといわれるが、意訳すれば、家訓ないし家政学である。経済学はまず身の回りから始まるべきである。子供が将来の人生計画を考え始めると、就職という難題がまず浮かんできて、そこから、労働市場の状況、ひいては日本経済の現状と見通しに思いが広がる。また、目標とすべき先人の人生から学ぼうという意欲も湧く。これらは子供が健全な大人になるための重要な勉強である。

　このような実生活から得た知識と関心は、子供が大学で経済学を学ぶ際にも、重要な役割を果たす。講義内容に対応する事実や体験があることがとくに大切である。それによって経済学という学問の理解が深まり、「質問力」も増す。いい講義とダメな講義の見分けもしやすくなる。北米の中学・高校には、各生徒にたとえば1万ドルの投資資金（架空）を与え、株式その他の証券市場で前日の終値で売買、当日の終値で決算させて、学期の終わりまでにいくら儲けたか損したかを競い合わせる授業を行う慣習があるが、これも経済学教育としては悪くない。日本の受験勉強などよりはずっといい。

　教える側も、スミスはいう、ケインズによれば、というような権威主義的な講義はできるだけ避けて、自分の言葉で、学生の生活体験にできるだけ沿った話題をイントロにして講義の本題に入るというような教育技術をもっと使用してほしい。そして、学生に経済学は役に立つという実感を与える努力をすべきである。経済学の人気が近年落ちてきているのは世界的現象で、その一因が世界経済の不振・混迷にあることはもちろんだが、経済学教科の内容が妙に理屈っぽく、数学が多くて威嚇的であり、投入努力の割に現実の問題理解に役立たないと学生に評価されているからである。

世界経済が混迷しているといったが、実は、経済学も混迷している。1980年代以降のIT革命の進行ペースは万人の予想を超え、モノの大量生産体制の完成、ミドル・クラスという新大階級の成長、大学進学率の大向上、それを支える経済成長という20世紀のシステムが僅か四半世紀のうちに音をたてて崩壊し始めた。財政赤字は限度に達し、環境汚染に対する自然からの返済督促は年ごとに厳しさを増し、銀行を頭とする巨大多国籍企業が諸国民政府を尻に敷いてカネの増殖に猛進し、世界の経済地図を大きく書き換えている。経済活動のグローバル化とともに、先進諸国の雇用事情は従来の安定性を失い、かつてアーサー・ピグーが『厚生経済学』で述べた「経済学は人類に光明を与える学問である」というご託宣の正当性が危うくなってきた。経済学の伝統的パラダイムは一つの国民経済を主体とし、企業、家計、政府の3部門が、自国経済の発展成長のために協力するというものであったが、今や国境の意味も軽くなり、それとともに国民政府の統率力も低下し、企業だけでなく、個人でさえ住みよい場所を求めて地球上を徘徊するようになった。皮肉にも、シラーが謳いあげた「人はみな兄弟だ、君（天のむすめ）のやさしい翼のおおうところ」（1785年、『喜びの歌』より）という物的条件がやっと揃った世界が出現したわけであるが、喜んでばかりはいられない。経済学が説く２つの社会厚生基準（効率と公平）の増進は、効率の一方的勝利に終わり、片や公平は適用地域の拡大とともに意味を失い、弱肉強食の世界で敗北を重ね、グローバルな利潤追求に狂奔する巨大企業群の（巨額献金によって）従僕になった感がある諸国民政府は、公平の惨状をただ傍観するだけである。弱者救済をやろうとしても、ない袖は振れないし、やろうとしても、親分たちが許してくれない。

経済学はまず自分の態勢を立て直さなければならない。新しい現実を正しく把握し、適切なパラダイムを構築しなければならない。新しいパラダイムを教えることによって、次世代を担う若者たちに新しい世界で生き延びる希望と力と知恵をもち、世界をよりよいものにするきっかけを与えてやらなければならない。新しいパラダイムがどのようなものになるかは明らかではないが、近年の趨勢から判断するに、巨大多国籍企業群の好む極端な自由（勝手）至上主義、夜警国家主義、技術開発万能主義を標榜するものになる可能性が高いと私は危惧している。いうなれば、経済学の非人間化である。経済学はこの趨勢に対して、ピグーのいう人間学としての姿勢を死守・伝道しなければならない。そして、厳しい未来に臨む若者たちに一筋の光明を与えなければならない。そうしなければ、義に喩る君子などいなくなって、利に喩る小人ばかりが跳梁する地獄のような世界が出来上がってしまう。道徳なき経済は犯罪であるといった二宮尊徳の言葉は重い。余談になるが、脳科学者の観察結果によると、カネ亡者の脳の働き方は麻薬中毒患者のそれに酷似しているという。尊徳は、このあとに、経済なき道徳は寝言であるともいっている。国民全員を食べさせることができない政治は、その思想がいかに高邁であろうと、失格である。

3—8　大学教育はいかにあるべきか

以上、思い出すままに、自分の経済学遍歴とその過程で感じたことを申し述べてきたが、このあたりで上述の議論を要約しておきたい。魅力を失った日本の大学に「憧れと希望」を取り戻す必要があるとは猪木武徳氏『大学の反省』の現状評価であるが、私のように外界から訪れた人間には、学ぶことを拒否し、目が死んでいる多数の大学生の姿は異様な感じがする。北米では見かけない風景である。こういう若者がなぜ大学に来たのだろうか、人生の設計を考えたことはないのだろうか、と他人事ながら心配になる。こんな若者に憧れと希望を抱かせる大学とはどういう場所なのかと考えてみるが、課題が多過ぎて、答えは容易ではない。

まず大学以前の教育についてであるが、教育とは子供をまともな大人にする作業だという常識を復権させる必要がある。この作業は基本的にはいつの世にも共通したもので、大人の常識でやれる作業である。その中心は礼儀マナーと読み書き算盤である。これができなくなったとすれば、現代の大人（親、教師、教育学者、文部科学省）が好き勝手に弄り回して常識が働かなくなったせいである。日本の教育は、やや誇張していえば、子供が大人にならないように工夫されている。そして、その根源が受験競争制度にあることは疑いを容れない。幼稚園児をもつ母は最寄りの有名小学校への入学に憂き身をやつし、小学校に入ったら直ちに名門中学への入学の準備に狂奔する、次は高校、その次は大学と、取り越し苦労ばかりで現在が空虚な少年少女時代を子供に強いる。この気狂いじみた受験競争さえなくなれば、子供や若者の目は輝きを取り戻し、自由な脳の働きを取り戻すことであろう。といっても、受験制度自体をすべてなくすわけにはいかないから、求められるのは、受験問題の内容を、過去の学習事項の復習から、受験生の頭脳の性能（思考力、応用能力、表現力）を試すものに方向転換することである。大学入試についていえば、後ろ向きの復習試験はセンター試験（あるいは達成度テスト）に任せ、あとは各大学が建学の理念に沿った簡単な性能試験を加えればよいかと思われる。まともな大人を造るという目的からすれば、各年齢層の5割が大卒である必要はないわけだし、5割に学士号を与えても、真の意味の大卒の仕事（管理職、専門職）がこんなに多くの人間に行き渡るだけあるはずがない。かといって、教育を消費財として楽しめるような高等な頭脳の持ち主がそんなに多数いるわけもない。アメリカに比べ修士・博士号取得者が少ないとして文部科学省が増強に熱を入れて来た大学院教育でも、博士課程終了者の4割が安定した職に就けないでいるというから、社会の需要がないのである。また、上述した「50点」で何も学ばずに大学を卒業する若者たちは、もっと実利のある専門学校に行くべきである。大卒は各年齢層の20％で充分である。そうなれば、大学にももっと大学らしい教育の途が開けてくる。もっとも、大学の総数は今の半分になるであろうと予想される。個々の大学も、文部科学省が何とかしてくれるだろうといったあてにならない望みなど捨てて厳しい自己評価をし、自発的に専門学校あるいは補習校に転身することを考えるべきである。

大学として残ることを決めた大学は、まず保育所的な役割に甘んじている現状から脱却し、大学は勉強するところだという立場を明確にし、それを実績として積み上げていかなければならない。大学教員の任務はまず教育サービスの提供であり、教員は週5日出勤を原則とし、教員集団内の知的交流と仕事上の助け合いを促進して、教育と研究の質の向上に努めなければならない。縦・横のストラクチャーがあるカリキュラムを創り上げ、大学がそれを管理運用する。その際、グローバル化時代に沿ったカリキュラムの標準化・客観化が重要である。こういう基本的なカリキュラム再編成は、個々の大学に任せるのではなく、文部科学省主導で（つまり、予算をつけて）、主要大学の教員から成る委員会を分野ごとにつくり、科目の名称・内容を固める方が効率的であろう。また分野ごとに、数人の学者に新カリキュラムの骨子に沿った教科書執筆を委嘱することも考えられる。こういう標準化は、少なくとも学部課程では喫緊の課題であり、大学院レベルでも、日本の場合はもっと客観性のある幅広いカリキュラムの確立が望ましい。そもそも大学は入学者を全員卒業させる義務はない。大卒としてこれだけはマスターしてほしいと思われる学識を体得できない学生には落第措置もやむをえない。大学院も同様である。学生の管理だけでなく、教員の管理も改善されなければならない。そのための正しい誘因構造を大学は速やかに確立する必要がある。いずれの場合も鍵は「信賞必罰」である。北米の大学には、教員個人に、「主として研究者」あるいは「主として教育者」のいずれかを選択させる慣行がある。前者を選んだ個人は評価のウエイトが研究業績に大きく依存し、後者を選んだ個人の場合は授業負担が増えるほか、教育活動が評価の中でより大きなウエイトを占めるようになっている。教員のライフサイクルを考えた場合、これは合理的な教員管理政策であるように思われる。研究面に比べとかく低評価を受けやすい教育面では、学生による人気投票でもいいから、優秀な教師を表彰することは一考に値する（北米の大学には優秀教員を表彰する制度がある）。いずれにせよ、日本の大学教育がよくないのは、教員の資質が劣等であるわけでは決してない。彼らをめぐる誘因構造が拙いだけである。大学産業がせめて経済内の他産業並みの規律と社会的信用を一日も早く確立することを望みたい。この種の誘因構造改革に巨額の資金投入など必要ないことはいうまでもない。

大学経営者も、上記のカリキュラムの標準化のほか、授業料のユニット・プライシングをはじめ、学生層の多様化に対応する改革を早急に導入すべきである。日本の大学は、学生を取り込むことには異常に熱心だが、いったん入ってきた学生を概して放置する慣行があるが、これでは、学生が大学に帰属意識を持ちにくい。将来母校に寄付しようという気も起こらないのではないか。エリーティズムに拒絶反応を示す日本ではあるが、イギリス式の Honours programme「特別クラス」を導入していただいた神戸大学および流通科学大学での体験からすると、応募してきたやる気のある学生諸君は誇りをもってよく学び、概して幸せそうだった。特別クラス制度は、さもなければ判別しにくい勤勉学生を自己選択により識別する知恵でもある。学生の学習上のカウンセリングや個人的な人生相談に常駐の教職員を配置することも大学にとって長期的には高いペイオフがあると思われる。また、大卒の職の安定が脅かされている現状にかんがみ、卒業生の世話も大学の仕事になってくるような気がする。若者だけでなく、中高年労働者も、転職や出世を目標とした再教育投資の場として大学に戻ってくる。大学がこういう新しい時代の要請に応える態勢を整え、生涯教育施設として再生する日も近いのではないか。

私は本書で、グローバル化時代に合う大学のカリキュラムの客観化・標準化の必要性を強調してきた。これがなければ、日本の大学で経済学士号を取得しましたといっても、外国人の同じ経済学専攻の同僚と話がうまく通じない。経済学の議論がスムースに運ばない。新卒の就職先も国内とは限らないから、競争もグローバル化する。だからとりあえず、「グローバル基準」を満たす大学教育が求められる。いうなれば、国際交流のための「共通言語」を習得するのである。

しかし、グローバル基準の達成が大学教育の最終目標かというと、そうではない。これはいうなれば時代の要請に従うための最低条件である。グローバル基準を満たした上でのプラス・アルファをどう学生に教えるかが大学の使命になる。一般的にいって、グローバル化が世界中の人間が同質化することを意味するのに対して、国際化は諸民族がそれぞれの個性を維持しつつ、お互いから学び合うような交流を意味する。貿易のような経済交流を考えれば一目瞭然であるが、均一化という意味でのグローバル化よりもっと重要なのは国際化である。経済学という学問についても同様である。では、その「プラス・アルファ」として何をどこに求めればよいのであろうか。答えは自明だという気がする。日本人が慣れ親しんできた日本経済の歴史のより深い理解であり、日本経済発展の処方箋の研究であり、その成功を通じて世界経済の安定と成長に貢献することである。北米では学者の評価は学術論文の質・量で決まるといってきたが、世界的に見ると、むしろ北米がこの点では突出しているようである。ヨーロッパの国々には、昔から経済学者を論文の数よりも現実の経済政策への貢献度によって評価する伝統がある。ヨーロッパの国々では財務大臣その他の閣僚ポストを経済学者が占めることが多い。北米でもそういう例はないわけではないが、北米の場合は、功成り名遂げた学者が名誉職として政策参加するという印象が強い。日本がどちらのパターンに属するのか、それとも、どちらでもないのか判然としないが、今後の人生設計プランとしては、経済学を志す若者は、まずグローバル・スタンダードの経済学を習得してコミュニケーション能力を身につけ、学問的興味のある者は、健康で有能な若者の天国である北米でまず論文書きに励み、一定の国際経験を積んでから（40—50歳くらいで）日本の政策企画・立案に復帰・参画するという形が望ましいように思われる。幸い、政府および民間の研究機関がこういうキャリアの人材を積極的に受け入れる態勢が整ってきている様子であるから、私は楽観している。私がこういう提案をする理由の一つは、これが日本人経済学者にとってノーベル賞を勝ち取る最短の途だと思うからである。古くは、「月給二倍論」で池田内閣の所得倍増計画の生みの親の役割を果たした中山伊知郎先生、近くは、民主党政権のアドヴァイザーを務めた小野善康大阪大学教授、アベノミクスのブレーン役を務めた浜田宏一イエール大学名誉教授、日本経済に深い関心を寄せ、さまざまな政策提言を行って今年紫綬褒章を受賞した齊藤誠一橋大学教授のようなケースにおいて、メンターが基本哲学の提供、その論拠の開示、政策立案、対外広報活動等においてもっと実質的に参画し、成果を収めることができたなら、ノーベル経済学賞受賞の確率はかなり高くなる。というのも、グローバル経済活性化の起爆剤の出現を世界が渇望している時節でもあるし、また、昨今の経済学賞受賞者を見ても、受賞候補者の在庫が払底している感が強いからである。

グローバル・スタンダードの経済学の上に日本経済についての知見を蓄積するという戦略は、経済学教育の基本指針としても非常に望ましい。大学の学部カリキュラムに日本経済論のシークエンス（初級、中級、上級）を必修科目として定着させることを私は提唱したい。このシークエンスは、コア科目群と違って、標準化・同質化される必要はない。むしろ、各大学が個性的なシークエンスを創り、競い合う方が有益かもしれない。マル経の人々も競争に参入して学生諸君の評定を受けてはどうだろうか。講師には必要に応じ、日本経済の研究者である大学教師のほか、官民のシンクタンクの研究家、場合によっては外国人研究者も動員すれば適格者が増え、また内容と視野が広くなって有益であろうかと思われる。これは私が学部学生時代にひそかに望んでいたものである。以来半世紀が経ったが、ぜひ実現してほしい。このシークエンスを学んだ学生は、学者・研究者になる、ならぬは別として、日本経済と自分のキャリアに対する持続的関心を持ち続けるに違いない。高度成長期に青春時代を過ごした私の世代と違って、今の若い世代は極めて不透明な将来に直面している。産業・職種の盛衰が激しく、求められる知識・技能の変転も予測しにくい時代を生き抜くための大学教育とはいかなるものか。私は、経済学は実学であり、実学とは（一般教養との対比において）実戦で役に立つ知識・技能だといってきたが、安っぽい「即戦力」という意味ではない。たとえ大学で最新のノウハウを身につけたとしても、それは直ぐに陳腐化する可能性がある。現在の企業経営ノウハウに合わせたjob-relatedのトレーニングもどれだけ保つかわからない。こういうビジネス環境で40年、50年という長い人生を生き抜くのに重要なのは、「何を学ぶか」以上に、「物事の学び方を学ぶ」ことではないだろうか。学んだ物が価値を失っても、身につけた物事の学び方は残り、一生の財産になるからである。このために一番大事なのは、オープン・マインドと柔軟な頭脳である。

私の東西の教師体験から得た印象では、日本人は、これも受験競争制度のせいだと思われるが、幼少のころから、自分のためになることとそうでないことを峻別し、前者だけを学ぼうとするケチな根性が発達している。かく申す私も、一橋大学では理科は1科目でいいと知ると、すぐ化学を放棄してしまった。孔子様のいう「利に喩る小人」である。北米では、子供がもっと自由な環境で育つせいか、いろいろと試行錯誤しながら成長する。この間、親と教師も原則黙って見守っている。大リーグの野球選手の過去を調べてみると、学生時代は野球以外にもバスケットボールやフットボールなどでも知られた選手が多数いる。スポーツだけでなく、勉強の方でも秀才だった選手の話を聞くことも珍しくない。私が50年贔屓にしているボストン・レッドソックスには、イエール大学卒のバッテリーがいる。一流大学卒の選手は他チームにも結構いる。他のプロ・スポーツについても同様である（ちなみに、こういう名門校では、スポーツ選手だからといって特別扱いは一切しない）。日本のプロ野球選手の場合は、ほとんど例外なく、幼少時からリトル・リーグや学校チームで野球一筋なのではあるまいか。日本人のメンタリティーでは、目的がプロ野球選手になることなら、野球以外のスポーツに時間と労力を割くことは「無駄」なのである。北米の経済学大学院に入ってくる新入生の1、2割は経済学以外の学部教育を受けた、いわばよそ者であるが、こういう事例も日本ではあまり聞いたことがない。こちらの人間の感覚では、成長期に自分でいろいろ模索し、その過程で回り道をして幅を広げ、また、失敗や挫折を重ねて生存能力のある大人になるのが賢い人生設計だということらしい。北米は日本のように共存原理と事後的公平の温かい社会ではない。だから、個人は若い時から人生をより真剣に考え、あらゆる事態に備えて、生き抜く術を身につけようと努力する。そのせいであろう、こちらの若者は、日本の若者よりずっとしっかりしているし、大人でもある。対照的に、日本の若者は、幼稚ではあるが子供らしさがなく、計算高い。つまり、20歳の若さで「童心」を失っているのである。しかし、童心は知的好奇心の源である。童心なくして、豊かな人生も楽しい人生もありえない。将来は、一つの職で一生を全うできる世の中ではないかもしれない。2つ、3つの職種を経験せざるを得ないかもしれない。こういう試練を乗り越えるには、自分の生活環境一般に対して広く旺盛な知的好奇心を維持すること、大学でできるだけ間口の広い訓練（一般教養科目を含む）を受けておくこと、日本経済の動向に関心を持ち続けること、そして最後に、できうれば自分の「特技」を持つことが望ましい。近年日本の大学生の就職事情は大変厳しいと聞くが、その一因は学生側にあると思われる。先述した社長さん方のいう「挨拶ができない、時間が守れない、動作が鈍い、社会生活ができない」大卒になったのは、ひとえに学生自身の責任である。こんなことまで大学は面倒を見切れないし、私が社長なら、こんな学生は絶対に採らない。最近マスコミ等でも大きく取り上げられるようになった、就職市場におけるミスマッチ現象も、学生側の現実感覚とリサーチの不足が原因ではないかと思われる。また、非正規社員としてスタートすると、途中で正規社員に鞍替えする可能性は低く、ために長く非正規社員の不安定な身分に留まる結果になりがちだという研究結果もある（樋口美雄編著『若年者の雇用問題を考える』、日本経済評論社、2013年）。大学は決して就職予備校ではないが、大学に到達したら、学生は自分のキャリアについてもっと大人になって真剣に考えなければならない。

どこから手をつけたらいいかわからないほど、問題は複雑であるが、基本的には、過剰干渉をやめて子供を信じる放任主義に移行すること（情報・技術の進化著しい現代では、親の時代の処世術の価値は怪しい）、子供たちの世界を復活させ彼ら同士で大人になる訓練を積ませること（大人には反抗する子供もピア・グループの圧力には概して従順である）、子供に夢（＝人生計画）を持たせ、その夢が何であれ温かく支援すること、他方教育実践の場では大人の権威をもって厳格に指導すること（とりわけ読み書き算盤と礼儀作法）に尽きるのではないか。ところで、教育がうまくいっているという簡単な「証拠」はないものかと考えてみると、ある。教育は子供のためにある。文部科学省も学校経営者も教師もサポーターズに過ぎない。日本の教育は、これらのサポーターズが子供を無視して侃侃諤諤、いろいろ弄り回すものだからダメになったのである。もっと主役の子供たちの身になって、子供たちが充実感を持てる教育を再建しなければならない。どこまでやれば、教育は「成功」したといえるのか。私の考えでは、そのテストは簡単である。子供や若者の眼が本来の輝きを取り戻したなら、それは彼らの童心が再生した証拠であり、他の指標がいかようであろうと、私は教育が成功したと断言してよいと思っている。教育を成功させるために必要なのは、第１に、繰り返し述べて来た教員の意識改革であり、第２に、改革された意識を行動に繋げる誘因構造の構築である。日本人の皆様、頑張ってください。

経済学教育の西東

2014年8月24日　第1刷発行　定価（本体2500円＋税）

著　者　永《なが》　谷《たに》　敬《けい》　三《ぞう》
発行者　栗　原　哲　也

発行所　株式会社日本経済評論社
〒101-0051　東京都千代田区神田神保町3-2
電話 03-3230-1661　FAX 03-3265-2993
URL：http://www.nikkeihyo.co.jp/
印刷＊藤原印刷／製本＊誠製本

装幀＊渡辺美知子

ISBN978-4-8188-2345-7　C0037　乱丁・落丁本はお取り替えいたします。